AF617961

united p.c.

Marcus Stehlik

Der Zebrahirte

Die Erlebnisse des Zöglings Marcus S. im Benediktinerstift Kremsmünster

united p.c.

Dieses Buch wurde digital nach dem neuen „book on demand“ Verfahren gedruckt.

Gedruckt in der Europäischen Union auf umweltfreundlichem, chlor- und säurefrei gebleichtem Papier.

Für den Inhalt und die Korrektur zeichnet der Autor verantwortlich.

ISBN 978-3-7103-4799-3
Umschlagabbildung: Petra Postl
Umschlaggestaltung, Layout & Satz:
united p. c. Verlag
Innenabbildungen: Marcus Stehlik

Die vom Autor zur Verfügung gestellten Abbildungen wurden in der bestmöglichen Qualität gedruckt.

www.united-pc.eu

Inhalt

Prolog

Es war ein Spätsommertag im Jahr 1977. An einem Wochenende. Wieder mal ein Ausflug mit der Familie. Das bedeutete, meine Mutter packte meine damals achtjährige Schwester und mich, elf Jahre, ins Auto und visierte irgendeine, für uns komplett uninteressante, Destination an. Meistens irgendeine Burg oder eine Aussichtswarte. Nicht zu nah bei Wien. Sie musste nämlich ihr neues Auto einfahren. Sagte sie zumindest. Für uns bedeutete das, gefühlte Ewigkeiten im Fond irgendeines Alfa's zu verbringen. Ohne Gurte, Mutter vorne rauchend. Those times.

Dieses Mal sollte es der Besuch eines Stifts sein. Kremsmünster. Anlässlich der 1200 jährigen Bestandsfeier dieses Stifts bot man dort an einem Tag der offenen Tür allerlei kindergerechte Spiele, Schmankerln zum Essen und natürlich umfassende Besichtigungen von Stift, Sternwarte, Konvikt etc. an.

Hätte ich gewusst, dass ich zwei Jahre später als Internatsschüler mit Sack und Pack dort einziehen würde, tja, ich vermute, ich hätt' mir den Laden wohl genauer angesehen.

Wir kamen nach rund zweistündiger Fahrt an. Einfahrt durch ein imposantes, gemauertes Tor in den 1. Hof. Dieser diente als Parkplatz. Ich war von der Größe der, offensichtlich frisch renovierten, Gesamtanlage beeindruckt. An der rechten Seite die Stiftsschank – vis-a-vis vom Tor führte eine Brücke über den Stiftsgraben zum Wohnbereich von Patres und Studenten: das Konvikt. Auf der linken Seite der Konviktsgang in Richtung Schule, davor der Zugang zu den großen Wasserbehältern für die Forellenzucht im Atrium.

Beim Überqueren der Brücke sah man, dass der Graben nur links mit Wasser gefüllt war, während auf der rechten Seite bloß Gras und Gestrüpp wuchsen. Am Anfang der Brücke befanden sich links und rechts zwei steinerne Heiligenfiguren, die, obwohl ebenfalls renoviert, schon ziemlich verwittert waren. Das massive eisenbeschlagene Doppeltor am Ende der Brücke war offen. Ein ca. 30 Meter langer Durchgang führte in den 2. Hof, der im Vierkantstil von dreistöckigen Stiftsmauern umgeben war. Unterbrochen bloß durch die eingebettete Stiftskirche und einen weiteren Durchgang Richtung Schule.

Von der Führung durch die Stiftsmauern sind mir die alten, schweren Ölgemälde mit den Bildnissen der Äbte der letzten Jahrhunderte noch in Erinnerung. Und, dass Platzsparen kein maßgebliches Prinzip bei der Erstellung des Stifts war: Lange weite Flure, mit teilweise schwer abgenützten, steinernen Böden.

Das separate Schulgebäude lag etwas außerhalb, gleich daneben ein großer Rasenfußballplatz mit einer 100 m Aschenbahn. Angrenzend an das Schulgebäude stand die Sternwarte. Mit 50 m Höhe eines der allerersten Hochhäuser Europas, beherbergte sie nun ein vielstöckiges Museum.

Umgeben war all dies von dicken Stiftsmauern mit einigen Toren.

Ich kann mich noch gut an mein Gefühl damals erinnern. Eindeutig zu viel altes barockes Zeugs, viel zu viele im Talar wandelnde Geistliche – und: keine Frauen oder Mädchen – wenn man mal von den Besucherinnen dieses Tages der offenen Tür absieht.

Aber, wie gesagt, weitergehend hatte mich das damals nicht beschäftigt.

Sternwarte, eines der ersten Hochhäuser Europas

Schulgebäude; im Hochparterre in der Mitte befand sich der Klassenraum, den wir drei Jahre – von der 4.–6. Schulstufe – belegten.

***

1.

Schulstart

Der Start in ein neues Semester lief doch etwas anders ab, als man es sich vielleicht vorstellen würde. Bis auf vereinzelte Studenten (Student war man lt. Schulordnung ab der 5. Klasse, darunter war man Schüler), die in der Ortschaft lebten und täglich von zu Hause aus die Schule besuchten, waren wir alle Internatszöglinge. Das bedeutete, dass man zu Schulbeginn mit Tuchent, Polster, Gewand etc. eintraf. Jeder Student wurde von den Eltern per Auto gebracht; bei rund 300 Studenten wuselte es richtiggehend auf dem Parkplatz. Welcher Student in welcher Konviktsabteilung untergebracht wurde, war bereits schriftlich in den Ferien kommuniziert worden. Die 1. Klassler in der Abteilung 1, die Ältesten in den Abteilungen 6, 7 und 8.

Jeder Student hatte ein Bett, meistens in einem großen Schlafsaal und davor einen Kasten. Es gab in jeder Abteilung Studiersäle mit zugeteilten Pulten und einen Bereich, wo man seine Süßigkeiten in Fächern gesondert unterbringen konnte. Abgesehen von den riesigen Nassräumen mit ein paar Duschen gab es Freizeiträumlichkeiten, die altersgerecht adaptiert waren. Jede Abteilung wurde von einem Pater geleitet, der im Regelfall auch noch in der Schule unterrichtete.

Während die Abteilungen 1–6 großräumig mit stattlichen Schlaf- und großen, gemeinsamen Studiersälen ausgestattet waren, gab es für die Abteilung 7 ein komplett konträres Konzept: Kleine, moderate 2er Zimmer, mit Bett und Studierplatz. Von Studenten und deren Eltern persönlich eingerichtet – das war die Karotte für uns alle. Jeder wollte in die Abteilung 7 mit den schicken Jugendzimmern, die überdies von einem ruhigen, freundlichen Mann in den 40ern geleitet wurde – Pater Albert.

Der Tagesablauf war streng geregelt. Und für alle fast gleich. Tagwache um 06:00 Uhr, gemeinsames Morgengebet um 06:30 Uhr, danach Studierzeit, um 07:00 Uhr Frühstück. Um 07:30 Uhr wurden die Schulsachen gepackt und man machte sich über den äußeren Konviktsgang auf den Weg in die Schule. Dieser war von keiner Abteilung länger als ca. 300 Meter. Der „Abschneider" durch die Konvikts-Innenhöfe war uns verboten.

Von 08:00 bis 12:00 Uhr Schule, danach retour ins Konvikt zum Mittagessen. Freizeit bis 14:00 Uhr; um diese Uhrzeit startete bereits der Nachmittagsunterricht. Je nach Schulstufe hatten wir dann bis 16:00 oder bis 17:00 Uhr Unterricht. Wer bloß bis 16:00 Uhr Schule hatte, genoss eine Stunde Freizeit; von 17:00 bis 18:00 Uhr hieß es wieder „Silentium" – und zwar im wortwörtlichen Sinn: Der zuständige Präfekt patrouillierte durch den Studiersaal und checkte die Anwesenheit aller Studenten. Dann erschallte ein lautes „Silentium", man durfte sich setzen und den Hausaufgaben widmen. Jedenfalls hatte absolute Ruhe zu herrschen. Ab 18:15 Uhr begann das Abendessen, danach Freizeit. Das heißt, für die, die im Laufe des Tages nichts ausgefressen hatten. Die durften sich nämlich wieder im Studierzimmer einfinden. Dort wurden sie, sollte der Präfekt die Überwachung nicht selbst durchzuführen in der Lage gewesen sein, von einem ausgewählten älteren Studenten, einem so genannten Prätorianer, beim Studium beaufsichtigt.

Den 7. und 8. Klasslern wurde Ausgang bis 20.00 Uhr gewährt, den 5. und 6. Klasslern war das Verlassen der Stiftsmauern bloß kurz zu Mittag und am Nachmittag bis 17:00 Uhr gestattet. Bis Ende der 4. Klasse gab es keinen Ausgang, sondern bloß die generelle Erlaubnis, sich innerhalb der Stiftsmauern, z.B. auf dem Sportplatz zu bewegen.

Die sogenannten Heimfahrwochenenden waren vom Stift bereits für das Semester fixiert. Abgesehen von den Ferien durften wir alle 3-4 Wochen heimfahren.

Das Rauchen der Studenten der 7. und 8. Klasse war außerhalb der Stiftsmauern geduldet, wenngleich keine Gelegenheit ausgelassen wurde, dies dem Studenten vorzuwerfen. Man kann ermessen, wie die Reaktion ausfiel, wenn sich ein Student einer niedrigeren Schulstufe beim Rauchen erwischen ließ. Dazu später mehr.

Selbstverständlich dauerte es jedes Jahr zu Schulbeginn wieder etwas, bis sich das Internatsleben eingespielt hatte. Jeder Student ist anders, einige kamen mit dem Leben im Konvikt gleich gut zurecht, der Großteil konnte sich damit arrangieren. Aber jedes Jahr gab es denselben traurigen Höhepunkt: Spätestens Ende September, Anfang Oktober schmiss ein 1. Klassler im Internat die Nerven weg. Sei es, weil er noch nie solange vom Elternhaus getrennt war oder weil er dem Druck vom Präfekten oder Mitschülern nicht mehr standhalten konnte: Jedes Jahr büxte mindestens einer aus. Da das Stift auf einer Anhöhe über dem Dorf liegt und ringsum praktisch nur von Wäldern und Feldern umgeben ist, war Flucht im prädigitalen Zeitalter eigentlich von vorhinein zum Scheitern verurteilt.

Sobald das Fehlen eines Studenten bemerkt wurde, gab es in allen Abteilungen der 4. bis zur 8. Klasse Alarm und wir mussten ausrücken um den Armen zu finden. Manchmal konnte es ein paar Stunden dauern, aber gefunden wurden sie alle. Für den einen oder anderen war dies dann das Ende der Schulzeit in Kremsmünster. Meistens verzichteten die Eltern auf einen Weiterbesuch ihres jungen Sohnes in dieser Schule.

***

2.

Banane

Schuljahr 1981/82, 6. Klasse, Humanistisches Gymnasium. Um die 25 Burschen – keine Mädchen – und jede Menge Ideen und Energie, um die trostlose Zeit als Internatsschüler zu verkürzen.

Wir hatten nicht nur Patres als Lehrer im Unterricht, sondern auch einige wenige Zivile. Einer davon war Prof. Achleitner – unsere gefürchtete Physik-Lehrkraft.

Nun: Physik war dieses Jahr vor Beginn der großen Pause angelegt, die alle Studenten – so wurden wir auch zur Abgrenzung von den einheimischen Schülern des Dorfes allgemein bezeichnet – außerhalb des Klassenzimmers am Gang verbringen mussten – beaufsichtigt von der Lehrkraft der vorangegangenen Stunde. Eine der zahllosen Regeln, die unser Leben damals bestimmten.

Kaum läutete es das Ende der Stunde, nahm die Unruhe in der Klasse gleich dermaßen zu, dass der jeweilige Professor nolens volens die Stunde beendete. Diejenigen, die nicht ohnehin sogleich aus der Klasse stürmten, wurden von der Lehrkraft nach draußen beordert. So sehr Prof. Achleitner in der Stunde gefürchtet war, er hatte damals einen, für uns lustigen, Spleen: Verlässlich nahm er jede Woche eine Banane, die er langsam und genüsslich aß, während er am Gang vor den Klassenzimmern seiner Aufsichtspflicht nachkam. Das brachte uns auf die Idee, es ihm in einer der kommenden Wochen gleich zu tun – selbstverständlich gegen Ende des Schuljahres. Es war einiger logistischer Aufwand nötig, um als Internatsschüler an eine größere Menge Bananen zu gelangen, aber wir schafften es! Es werden schon fünfzehn von uns gewesen sein, die es ihm zu Beginn der großen Pause gleichtaten: Banane bedächtig öffnen und verhaltenen Schritts mit ihm am Gang promenieren. Dabei ernst zu bleiben, war für die meisten von uns die größte Herausforderung. Ich werde seinen Blick nie vergessen.

Er fand es gar nicht lustig. Zwei Reaktionen seinerseits sind mir noch in Erinnerung: Physik war ab diesem Zeitpunkt für den Rest des Lehrjahres noch unlustiger als davor. Und er ward nie wieder Bananen essen gesehen.

Schulgang, war in jeder Pause mit Schülern der angrenzenden Klassen und einer Aufsichtsperson dicht bevölkert.

***

3.

Arschi

Jugendliche in unserem Alter damals sind nicht immer zart besaitet. Die Kombination aus dem Namen „Achleitner“ mit seiner Art des damals allseits praktizierten Frontalvortrags, gespickt mit nahezu sadistischer Freude, einzelne Studenten bei ad hoc Prüfungen fertigzumachen, brachte ihm den – selbstverständlich liebevoll gemeinten – Spitznamen „Arschi“ ein.

Unser Klassenzimmer bestand, wie die letzten hundert Jahre davor, aus kleinen Pulten mit Sesseln, die den größeren von uns Studenten den Schulalltag zu einer täglichen körperlichen Belastung werden ließ, einem Lehrerpult und einer großen Tafel. Selbstverständlich gab es eine Regel, wer die Tafel in der Pause für die nächste Stunde zu löschen hatte. Wie früher. Wie immer eigentlich.

Da ich einerseits nur wenig Furcht vor Arschi und seinen Methoden an den Tag legte, andererseits auf eine fast gepflegte Unkenntnis in Physik verweisen konnte, war ich bald als ideales Opfer von „Arschi“ auserkoren. Die Physikstunde begann und ich wurde zu einer Prüfung an die Tafel gebeten. Nach ein paar Minuten war der Spuk vorbei und ich mit einem „Nichtgenügend“ abgefrühstückt. Da der Lehrplan in Physik – wie wir alle wussten – eine Prüfung und einen schriftlichen Test je Semester umfasste, hielt ich den Käse für gegessen, was die mündliche Prüfung dieses Semesters betraf. In dem Glauben, meinen peinlichen Prüfungsauftritt für das Halbjahr erledigt zu haben, war ich sehr relaxed zu Beginn der nächsten Stunde. Tja, was für ein Irrtum. Ich war wieder dran. Und wieder. Ich weiß nicht mehr, wie oft ich drankam – allerdings spielte es keine Rolle mehr, wie intensiv ich mich mittlerweile vorbereitete.

Eines Tages nutzte ich die Gelegenheit, unbesehen, mit schmutzigem Schwamm „Arschi“ auf die frisch nasse, weil bereits gesäuberte, Tafel zu schreiben. Als Prof. Achleitner kurz danach das Klassenzimmer betrat, aperte der Schriftzug erst so richtig aus. Erst als das Prusten und unterdrückte Lachen der Studenten überhandnahm, drehte sich Prof. Achleitner um und entdeckte den Schriftzug. Sein Kopf wurde hochrot und seine Stimme klang äußerst gepresst, als er nach dem Urheber fragte.

Allein, es meldete sich keiner.

Ich war etwas überrascht über das Ausmaß seines Zorns und wollte mich eigentlich melden. Als aber ein paar Minuten vergangen waren, sein Kopf zu explodieren drohte, erschien es mir nicht mehr tunlich. Klar war ich einer der Verdächtigen. War ich immer. Aber er hatte keine Beweise. Und so sehr wir Studenten untereinander unsere Differenzen hatten – gegenüber Professoren und Präfekten war es ein nahezu perfekter Zusammenhalt.

Die ganze Physikstunde versuchte er mit wüsten Drohungen oder drückendem Schweigen dem Übeltäter habhaft zu werden. Es war eine der längsten Stunden meines jungen Lebens.

Unser Klassenzimmer. Auch wenn die Ausstattung mittlerweile modernisiert wurde, entspricht sie der Ausgestaltung und Platzaufteilung von 1979–1982.

***

4.

Pater Konrad

Pater Konrad Kienesberger war ein kauziger aber äußerst gutmütiger Mann, der es als Professor für Deutsch nicht leicht mit uns hatte. Er war damals schon sicher über fünfzig, ziemlich untersetzt und versuchte vollkommen erfolglos seine Glatze mit drei Strähnen quer über den Kopf zu verdecken, so wie es viele tun, die mit ihrer Kahlköpfigkeit nicht zu Rande kommen, aber auch nicht einsehen, dass dieser Versuch schon mehr traurig als lächerlich wirkt. Insbesondere dann, wenn eine Windbö durch den verbliebenen Haarrest fuhr und die solcherart freigewordenen überlangen Haarsträhnen diametral von der Glatze wegstanden.

Andererseits war seine Art den Unterricht zu bestreiten, über die Maßen beruhigend um nicht zu sagen einschläfernd, sodass die Deutschstunde unter uns Studenten wohlgelitten war. Sehr oft ersuchte er uns, einen Lesestoff auf einer konkreten Seite aufzuschlagen und bestimmte, durch Namensnennung einzelne Schüler, für eine gewisse Zeit vorzulesen. Da wir alle komplett unterfordert waren, sannen wir nach Abwechslung.

Eine Idee war, dass der aufgerufene Student versuchte, den betreffenden Text so monoton vorzutragen, dass Pater Konrad einnickte. Der Kick bestand darin, ihn so lange wie möglich schlafen zu lassen, um sich anderwärtigen Beschäftigungen zuwenden zu können. Das eindeutige Signal, dass er wieder erwachte war dann, dass er einen anderen Studenten aufrief, der mit dem Lesen fortfahren sollte.

Eines Tages im Sommer, als dieses Spiel wieder im Gang war, kam ein Student auf die Idee, während des Wegschlummerns von Pater Konrad, den Versuch zu starten, aus dem Fenster zu klettern. Da unsere Klasse im Hochparterre lag, direkt angrenzend zum schuleigenen Sportplatz, bestand bloß das Risiko erwischt zu werden und keine Gefahr eines Absturzes. Michael P. kletterte während einer Schlafphase des Paters ziemlich behände aus dem Fenster, worauf ich, einer spontanen Eingebung folgend, hinter ihm das Fenster schloss. Altes, großes Fenster, viel Lärm: Pater Konrad erwachte. Er stand auf und beendete das Vorlesen. Das brachte Michael P. in eine unerquickliche Situation: Nicht nur konnte er jetzt nicht mehr zurückklettern, er durfte auch nicht von Pater Konrad gesehen werden. Das Schmunzeln, Lachen die ganze Schadenfreude der Studenten war ihm da gewiss keine Hilfe.

Allerdings war seine Lösung ebenso schlicht wie genial. Er kletterte die, mit Reliefs und Zierspalten übersäte, Hauswand hinunter, ging rund ums Gebäude zum Hintereingang für Studenten und öffnete die Klassentüre. „War nur am Klo", murmelnd ließ er Pater Konrad verdutzt im Klassenzimmer stehen.

Verhaltener Applaus und ziemliches Gelächter der Klasse trug nicht zur Erhellung von Pater Konrad bei.

Unser Schulklassenfenster (Außenansicht). Hier kletterte Michael P. problemlos hinunter, um beim Klasseneingang wieder reinzukommen.

***

5.

Schallende

Wie in vielen Schulen damals üblich, versuchte der Klassenvorstand durch Eingriff in die Sitzordnung in der Klasse eine gewisse Homogenität und Ruhe für den Unterricht herzustellen. Dies brachte mit sich, dass ich in der dritten, der letzten Reihe saß. War es der Körpergröße geschuldet oder nur einfach der Versuch, Schummeln, Tratschen etc. hintanzuhalten: einerlei.

Zwei Reihen vor mir saß mein bedauernswerter Kollege Otto R., der des Öfteren Adressat ungebührlichen Verhaltens meinerseits war.

In einer der prickelnden Deutschstunden unter der aufmerksamkeitsdefizitären Leitung von Pater Konrad hatten es sich einige von uns zur Aufgabe gemacht, den jeweils Vorlesenden durch Blasrohrbeschuss aus dem Konzept zu bringen – wobei ein lautes „Aua" oder ein hörbarer Fluch (in einer Klosterschule!) die Königskrone darstellten.

Es begab sich, dass erwähnter Otto R. zum Vorlesen aufgerufen wurde. Er saß keine vier Meter direkt vor mir. Er deckte auch den, in der Luftlinie exakt dahinter sitzenden, Pater Konrad ab. Es war eine ideale Situation. Ich konnte sie mir nicht entgehen lassen. Mein Blasrohr war ein ziemlich dicker Joghurt-Strohhalm, das Beste, das damals auf dem Blasrohr-Sektor verfügbar war. Ich hatte bereits eine Kugel vorbereitet, groß und hart genug für dieses Blasrohr. Vier Meter waren keine Distanz für mich. Ich visierte den Hinterkopf von Otto an. Und schoss. In derselben Sekunde beugte sich Otto nach unten, die Kugel prallt von seinem Hinterkopf ab und trifft die, sich im fahlen Klassenlicht spiegelnde, Stirnglatze von Pater Konrad.

Ich hatte niemals zuvor den friedfertigen und gütigen Pater Konrad so blitzschnell agieren gesehen. Wie von der Tarantel gestochen, sprang er auf. Vollkommen perplex ob dieser Situation, das Blasrohr natürlich noch in der Hand, starrte ich ihn betroffen an. Er stürmte an den beiden ersten Sitzreihen vorbei, ich schob meinen Sessel zurück um aufzustehen und mich zu entschuldigen – da sauste bereits seine Rechte flach auf mich herab. Eine – im wahrsten Sinn des Wortes – mächtige Schallende.

Pater Konrad hat dies wahrscheinlich in der Sekunde bereut, zumal ich in die Zimmerecke geschleudert wurde und er von der Wirkung selbst überrascht war. Selbstverständlich brachte mir das einen sofortigen Termin bei unserem, für seinen Jähzorn bekannten, Schuldirektor Pt. Prior Jakob ein. Von ihm wird noch die Rede sein.

***

6.

Pater Leonhard

Ein Ausbildungsgegenstand in humanistischen Gymnasien ist Latein. Bei uns kam noch „Altgriechisch" dazu. Nicht nur, dass wir das zweifelhafte Vergnügen hatten, der letzten Klasse in ganz Österreich anzugehören, die „Altgriechisch" als Pflichtfach hatte – die nachfolgende Klasse durfte schon zwischen „Altgriechisch" und „Französisch" wählen – nein, wir hatten auch noch den gefürchtetsten Pater als Lehrer. Pater Leonhard war ein imposanter, gewichtiger Mann. Alt, aufbrausend und sadistisch.

Vor jeder seiner Stunden machte sich bei den meisten von uns Unruhe und Nervosität breit. Wird es wieder Prüfungen geben? Werde ich drankommen? Bei einer Klasse von knapp über 20 Studenten war es nicht unrealistisch. Üblicherweise kamen 2–3 am Stundenbeginn zur Tafel und wurden „gezapft" – wie unsere Bezeichnung für diese, eigentlich unwürdige, Wissensüberprüfung lautete.

Jetzt muss man sich so ein Klassengefüge als eine ziemliche heterogene Gemeinschaft vorstellen, die im Ernstfall zwar gegen Lehrkräfte verschworen zusammenhielt, im Alltag aber einen Querschnitt aus sozialer und regionaler Herkunft bot. Bauernsohn, Lehrerkind, vom Dorf, Streber, Sportler. Ja und zwei mehr oder weniger wohl gelittene „Proleten" aus Wien. Einer davon ich.

Pt. Leonhard gestaltete die Prüfungen fast zeremoniell. Er wählte zunächst einen Schüler aus. Dies tat er, indem er einen Namen sagte und die unmittelbare Reaktion des Betroffenen auswertete. Hatte er das Gefühl, dass sich derjenige fürchtete, dann war er dran.

Perfide war, dass er nun die Mitschüler bat, nach Aufruf ein Vokabel zur Übersetzung dem Prüfling zuzurufen. Mit dieser Ehre wurden hauptsächlich die sehr guten Schüler bedacht, mit dem nicht unerwünschten Nebeneffekt, einen Keil in die Klassengemeinschaft zu treiben.

Eines Tages war wieder ich an der Reihe. Als relativ guter Sportler, angetrieben von Faulheit und Widerspruchsgeist (© Thomas Maurer) beruhte die Abneigung auf Gegenseitigkeit. Dass Pt. Leonhard „einen Pick" auf die Wiener hatte, erleichterte mein Standing keineswegs. Und so wurden mir einige Vokabel zugerufen, die ich teilweise sogar übersetzen konnte. Die Schleimer unter den Schülern stellten natürlich die schwersten Aufgaben – sehr zum Wohlwollen von Pt. Leonhard.

Man brauchte schon Courage, um hier nicht mitzuspielen. Deswegen werde ich es meinem damaligen Freund Franz M., einem sehr guten Schüler, aber auch immer für ein Bonmot gut, nicht vergessen als er, von Pt. Leonhard aufgefordert, mir ein „Graecus" zurief. Übersetzung: griechisch.

Das war das einzige Mal, dass nicht ich die negative Note bekam.

Ganz selten fanden solche Prüfungen auch in Latein, bei unserem altehrwürdigen Pater Theoderich, von uns liebevoll Fips genannt, statt. Pt. Theoderich war hochbetagt, den Schülern gegenüber immer wohlwollend und, sei es seinem Alter oder seiner Güte zuzuschreiben, er versuchte Schummelversuche von uns Studenten immer großzügig zu übersehen.

Als dann eine Vokabelprüfung in bewährtem Muster anstand, wurde dem Schüler „membrum" (Latein für „Glied") als vermeintlich leichtes Vokabel von einem Klassenkollegen zugerufen. Christian Z. wusste es offensichtlich nicht und gestikulierte hilfesuchend Richtung Kollegen. Als einige Schüler unmissverständliche Gesten zwischen die Beine machten, erhellten sich die Gesichtszüge von Christian und er rief triumphierend. „Ei!"

‚Da musst du etwas missverstanden haben' murmelte Fips bloß augenrollend.

7.

Tarock

Das Internatsleben war voller Regeln, je jünger der Student, desto restriktiver die Vorgaben. Das brachte mit sich, dass die Älteren, z.B. wir 6. Klassler, schon über einige Erfahrungswerte verfügten. Dies galt sowohl für gewisse typische Verhaltensweisen der einzelnen Patres, wie für die Strategien, diese zu unseren Vorteilen zu nutzen.

Nach dem gemeinsamen Abendgebet um 20:00 Uhr gab es noch Freizeitbeschäftigung für uns – was im Wesentlichen auf Lesen & Fernsehen in den Aufenthaltsräumen hinauslief. Wobei Fernsehen auf 1x die Woche nach 20:15 Uhr aufgrund einer Vorauswahl gem. Vorschlägen der Kirchenzeitung (!) beschränkt war (Unnötig zu erwähnen, dass die Kirchenzeitung die altersmäßige Zulässigkeit von Filmen zur Auswahl restriktiv einschränkte). Nachtruhe war allgemein ab 21:00 Uhr. Diese wurde durch den Präfekten, diesfalls Pater Nikolaus, durch Lichtabdrehen in beiden großen Schlafsälen, lautstark proklamiert. Danach ging Pater Nikolaus vielleicht noch 5 Minuten auf dem Gang auf- und ab, um zu überprüfen, ob tatsächlich Nachtruhe einkehrte. Gegen 21:15 Uhr konnte man relativ sicher sein, so keine abendliche liturgische Veranstaltung am Programm stand, dass Pater Nikolaus sich in seine Zimmer zurückgezogen hatte. Alte dicke Stiftsmauern und massive Polstertüren reduzierten etwaige Lärmbelästigungen ihrerseits zusätzlich. Strenge Strafen für Nichteinhaltung der Nachtruhe, verbunden mit der Sicherheit, dass die Angst bei uns Studenten zu manifest sei, um dagegen zu verstoßen, ließen ihn nur sehr selten seine Räumlichkeiten während der Nacht verlassen.

Nun, das wussten wir. Zumindest ein paar von uns ließen sich nicht davon abhalten, die Grenzen auszuloten. Unsere Studierplätze in der Abteilung 6 waren Schreibtische, die mit ca. 170 cm hohem Sichtschutz umgeben waren. Jeder einzelne. Ungefähr 20 in einem Saal. Als vier von uns rausfanden, dass wir des (Kartenspiels) Tarock mächtig waren, legten wir uns einen Plan zurecht.

Selbstverständlich war Kartenspiel für Studenten verboten – erst recht wenn es um Geld ging. Die einzige Zeit, in der wir in den Stiftsmauern unbehelligt tarockieren konnten, war also nächtens.

Wir verabredeten uns für 21:30 Uhr in einem der Studiensäle. Warteten zuvor die Proklamation der Nachtruhe ab und stellten dann drei Schreibtischkobel vorsichtig und leise um, sodass wir einen Kartenspieltisch hatten. Die Beleuchtung war durch Schreibtischlampen auf ein Minimum reduziert, die Gefahr, erwischt zu werden, war gering. Auch weil Pater Nikolaus nicht so groß war, jedenfalls nicht über die Seitenwände drüber sehen konnte.

Wir spielten bereits beim ersten Mal die Nacht durch. Wir mussten nur rechtzeitig vor dem Aufwecken um 06.00 Uhr in den Betten sein. Was uns immer gelang. DABEI wurden wir nie erwischt.

***

8.

Zebrahirte

Als Wiener war das herbstliche Einchecken zu Schulbeginn in das Internat jedes Mal eine ziemliche Challenge. Mit Tuchent, Polster, Bettzeug etc. wurde die mehr als zweistündige Autoreise angetreten. Um der Hektik am 1. Schultag zu entgehen, fuhren wir, wie einige andere Internatsschüler, bereits am Nachmittag davor los. Wir – das waren meine Mutter und ich.

Während ich also mein Bett aussuchte, Spind einräumte und mich insgesamt einrichtete, absolvierte meine Mutter die Antrittsbesuche bei den wichtigsten Patres, wie Präfekt, Konviktsdirektor und Klassenvorstand. Diese Besuche waren ebenso hilfreich wie notwendig, oszillierte ich doch jährlich zwischen Durchfallen & Rausschmiss wegen Fehlverhaltens. Dergestalt war 2x jährliches Hofieren (am Schulbeginn) bzw. Wogenglätten (beim Elternsprechtag) unabdingbar. Hatte ich schon erwähnt, dass die Wiener dort eher nicht mit offenen Armen willkommen geheißen wurden? Ob das an uns drei konkreten Proponenten zu meiner Zeit im Internat lag oder allgemeines Vorurteil war, vermag ich nicht zu beurteilen – habe allerdings so eine Ahnung.

Da es nur wenige Studenten gab, die bereits am Vortag anreisten, war die Auswahl was Bett & Studierplatz betrifft, noch groß. Diese Auswahl gestattete man uns zu Jahresbeginn, selbstverständlich unter dem Vorbehalt, aus disziplinären Gründen, nachträglich etwas „korrigieren" zu müssen.

Mein Ziel war ein Bett direkt neben einem Fenster. Darauf hatte ich in meinem ersten Jahr noch keinen Wert gelegt. Was ein Fehler war. Beide Schlafsäle hatten 2 Fenster mit je 20 Betten. Die Kästen für Bekleidung waren zusammen vor den Betten als teilweiser Sichtschutz gruppiert. Ich denke, dass sich jeder vorstellen kann, wie es in einem Schlafsaal mit 20 Vierzehn- bis Sechzehnjährigen zugehen kann. Lautstärkenmäßig. Aber auch olfaktorisch. Einen Bettplatz neben dem Fenster zu haben, hatte etwas Regulatorisches. Stank es, Fenster auf; die ganze Nacht. Das war vor allem im Winter zugkräftig. Brachte mir nicht immer bei allen Sympathiepunkte ein.

Da meine Mutter ihr schlechtes Gewissen über „mich ins-Internat-geschickt-zu-haben“ mit neuen Fußballschuhen, Gewand und Bettzeug zu beruhigen suchte, bekam ich zu Schulbeginn in der 6. Klasse eine knallgrüne Bettwäsche mit zahlreichen Zebras drauf. Gemessen an den grau-blau-braunen Überzügen meiner Mitschüler stach ich etwas heraus. Mein Spitzname war geboren: Der Zebrahirte.

***

9.

Pater Theoderich

Hatten wir in Altgriechisch den gefürchtetsten Lehrer, so war es in Latein der personifizierte Gegensatz: Pt. Theoderich war ein gütiger, alter Mann, der leider eine schwere Rückenverletzung im Krieg erlitt, die ihn, krummgebeugt, hinderte eine aufrechte Körperhaltung einzunehmen, sodass sein Kopf meistens nach unten geneigt war. Er war die Liebenswürdigkeit in Person und hatte es sicher nicht verdient, dass wir Studenten dies ausnutzten.

Als einer von fünf Hauptgegenständen (Mathe, Deutsch, Englisch, Griechisch, Latein) hatten wir auch in Latein pro Semester drei Schularbeiten zu schreiben. In Latein fielen die ersten beiden Schularbeiten des 2. Semesters in der 6. Klasse signifikant gut aus. Zu gut. Im Lehrerkreis schrieb man das dem Umstand zu, dass wir zu nahe beisammensaßen. Die Pulte waren in der kleinen Klasse eng aneinandergereiht und dadurch war dem Schummeln Tür und Tor geöffnet, so befürchtete man. Unausgesprochen blieb, dass man Fips nicht mehr die notwendige Aufmerksamkeit zutraute, entscheidend dagegen vorzugehen.

Beides ließ sich nicht leugnen. Fips war in einem Alter, in dem zivile Lehrkörper längst im Ruhestand waren. Auch wollte er uns beim Schummeln, so glaube ich, gar nicht wirklich erwischen.

Daher wurde von der Direktion für die letzte Schularbeit der große Zeichensaal als Location fixiert. Das bedeutete: Keine engen Schulpulte mit aufeinander pickenden Studenten, sondern: jeder Student mit separatem Pult, mindestens 1,5 Meter in jeder (!) Richtung von den Mitschülern getrennt. Eine Katastrophe. Für mich jedenfalls.

Unsere 6. Schulstufe war in zwei Klassen zu je ca. 20 Schülern unterteilt. Und da man bestrebt war, für diese letzte Schularbeit gleiche Bedingungen für beide Klassen zu schaffen, wurden wir für diese eine Schularbeit zusammengelegt. Wir erfuhren von diesem Projekt ca. 2–3 Tage vorher.

Meine ersten beiden Schularbeiten in Latein waren mit 5 und 4 eher medioker ausgefallen, eine positive Note auf die letzte Arbeit war unumgänglich, wollte ich mich nicht dem Risiko eines blauen Briefes ans Elternhaus aussetzen.

Die Tage vor der Schularbeit waren hektisch. Einerseits der – hoffnungslose – Versuch, den Stoff noch zu lernen. Andererseits mit guten wie „mitteilungswilligen" Latein-Schülern eine etwaige Möglichkeit des Wissenstransfers auszuloten.

Die zündende Idee hatte Franz L. Er beschäftigte sich zu dieser Zeit mit dem Auseinandernehmen und Zusammensetzen der gerade aufkommenden Walkmen. Ein Walkman war damals eine Art tragbares Abspielgerät für Musik in Form von Kassetten, das regelmäßig auch über einen Radioempfänger verfügte. Als Hobbytechniker, der er war, meinte er, es müsse eigentlich möglich sein, einen kleinen Sender zu bauen, der auf einer bestimmten Frequenz zur Übertragung von Nachrichten geeignet sei. Als Empfangsgerät wiederum sollte man den Walkman auf Radiomodus nutzen können.

Wie die meisten von uns war ich skeptisch. Wir hatten 1982. Wie sollte das funktionieren? Außerdem müsste sich ein sehr guter Lateiner finden, der zunächst den Text rasch übersetzen musste und diesen dann leise, aber verständlich, ins Mikro des Senders sprach. Während einer Schularbeit!

Franz baute relativ rasch diesen Sender. Dann erfolgte der Test. Franz ging einige Meter von uns weg und flüsterte ins Mikro. Sieben, acht von uns drehten an der Sendeleiste unserer Walkmen um die richtige Frequenz zu finden. Es klappte! Wir hörten Franz irgendein bescheuertes Gedicht zu Testzwecken aufsagen.

Jetzt galt es jemanden zu finden, der nicht nur die Schularbeit fehlerfrei zu übersetzen im Stande war, sondern auch die Cojones hatte, bei dieser Nummer mitzuspielen. Wir fanden ihn in Michael P.

Wir waren nervös. Das hatte in der, über 1200 jährigen, Geschichte des Stifts sicher noch keiner gemacht, auch nicht versucht. Würden wir erwischt werden, ein Schulverweis wäre sicher gewesen.

Andererseits: Wenn nicht beim Fips, bei wem dann? Die miesen Lateiner unter uns befürworteten das Risiko. Ich war skeptisch, ob dies technisch funktionieren würde. Aber Michael P. stand zu seiner Zusage. Alle waren bereit.

Der Tag X kam. Sicher zehn von uns hatten ihre, damals doch noch großen Walkmen am Körper versteckt. Jetzt hing alles von der Sitzordnung ab. Würde Michael P. einen Platz zugeteilt bekommen, wo er relativ störungsfrei senden konnte? Andernfalls war abgemacht, Fips durch Ablenkung wegzulocken.

Es fing gut an. Michael saß relativ in der Mitte des großen Saals. Die Empfänger waren gar nicht mal so schlecht aufgeteilt. Einer links vorne, zwei ziemlich hintereinander beim Fenster. Ein paar nahe den Saaltüren. Ich saß ganz hinten in der vorletzten Reihe. Ohne Walkman. Es war mir schlichtweg zu riskant: Wir konnten ja nicht einmal den Radioempfang im Zeichensaal zuvor testen.

Aber meine Kollegen sahen das anders.

Es konnte losgehen.

Aber es ging nicht los. Ich sah' wie die Empfänger an ihren Walkmen drehten und offensichtlich einen Empfang suchten. Sie hatten den Kopfhörer so weit derangiert, dass Sie, das Kabel unter dem Pulloverärmel gefädelt, Ihren Kopf in die linke Hand gestützt, alles hätten hören müssen.

Nach 20 Minuten steigerte sich langsam die Nervosität im Saal. Der Verdacht kam auf, dass es vielleicht die ganze Stunde nicht funktionieren könnte. Damit würde einigen ein Nichtgenügend im Zeugnis drohen.

Plötzlich aber legte sich jede Nervosität. Michael begann leise, aber – wie mir nachher erzählt wurde – gut verständlich, mit der Übertragung der Übersetzung.

Die Empfänger schrieben fleißig mit. Ich checkte durch die Augenwinkel die Reaktion von Fips. Keine Reaktion. Er saß ganz vorne am Lehrerpult. Die neun Empfangskollegen schrieben. Es klappte offenbar. Als Fips das erste Mal eine Runde drehte waren sie schon fertig.

Wir bekamen eine Woche später unsere Arbeiten zurück und Fips war in einer seltsamen Stimmung. Obwohl es die am besten ausgefallene Latein-Schularbeit war, die er bis dato in einer 6. Schulstufe zu benoten hatte.

Er wusste nicht wie, aber es war ihm klar, dass er reingelegt worden war.

Alle hielten dicht. Solange ich im Stift war, ist keiner draufgekommen.

Ich kam übrigens mit einem ‚Genügend' davon – und war froh' einmal kein schlechtes Gewissen gegenüber Fips haben zu müssen. Obwohl es die schlechteste Note bei dieser Schularbeit war.

***

10.

Pater Robert

Unser Klassenvorstand und Englischprofessor. Er war zu der Zeit sicher über 40 Jahre, nicht mehr viele weiße Haare um seine Tonsur. Sonore, angenehme Stimme. Er versuchte den Englischunterricht so interessant wie möglich für uns zu gestalten. So ist mir in Erinnerung, dass wir zu Beginn seiner Stunde öfter das Radio aufdrehten, um die Weltnachrichten auf Englisch zu hören. Danach erfolgte die Diskussion des Gehörten. Selbstverständlich aus ehernem wertkonservativem Blickwinkel. Aber im Grunde gehörte er zu dem kleinen Kreis von Patres, den wir Studenten als „ok" einstuften.

Pt. Robert war in Personalunion auch Präfekt der Abteilung 1. Diese bestand aus dem Großteil der 1. und 2. Schulstufe. In dieser Eigenschaft gehörte es zum Standard, dass er mit den Schülern nach dem Mittagessen einen mehr oder weniger ausgedehnten Spaziergang unternahm. Täglich. Damit die jungen Schüler ausreichend frische Luft bekamen.

Eins der kleinen Privilegien uns Älterer war, dass man uns mit derartig oktroyierter Freizeitgestaltung ab der Oberstufe in Ruhe ließ. Nach dem Mittagessen, konkret dem danach obligatorischen Dankesgebet, versuchte jeder von uns so rasch wie möglich aus dem Speisesaal zu kommen, um entweder für die kurze Zeit vor dem verpflichtenden Nachmittagsstudium der Aufsicht der Patres zu entkommen, z.B. durch einen Abstecher runter ins Dorf oder um als erster beim einzigen Wuzzler[1] des Konvikts zu sein und sich somit die Spielrechte zu sichern.

1 Wuzzler: Tischfußball, Kicker

Ich hatte damals zarte Bande zu einer örtlichen Dorfschönen geknüpft. Es war auf vielen Ebenen schwierig, vorsichtige Treffen zu vereinbaren. Im prädigitalen Zeitalter war die Kommunikation allein schon ein Problem. Dazu kam, dass weder sie noch ich mich erwischen lassen wollte. Wir konnten und wollten uns die Reaktion von Stift und Patres nicht vorstellen.

Also versuchte ich, um Zeit zu sparen, in der Nähe des Stifts die schüchternen Treffen zu vereinbaren. Aber selbstverständlich auch so diskret, dass ein zufälliges Vorbeikommen eines Paters auszuschließen war.

Es ging auch einige Male gut. Doch eines Tages wurden wir anlässlich eines Spaziergangs von Pt. Robert und seiner gesamten Schülerschar gesehen. Es war keine verfängliche, gar pikante Situation. Bloß zwei Jugendliche, die zusammenstanden und sich unterhielten.

Die Schüler lachten unbeholfen und peinlich berührt. Pt. Robert versuchte den Blick abzuwenden, sein Kopf hochrot, die Lippen zusammengepresst, ging er weiter.

Ich erinnere mich noch, wie lächerlich ich das Ganze fand. Ein Student steht mit einem Mädchen aus dem Dorf plaudernd abseits am Siedlungsrand. ‚Sie werden doch nicht annehmen, dass es kein Leben außerhalb des Stifts gibt', dachte ich.

Weit gefehlt. Es kam noch besser. Am selben Abend, als wir uns alle vor unseren Schreibtischen zum Abendgebet einfanden, sprach Pater Benno, mein damaliger Präfekt in der Abteilung 5, bevor er mit dem Gebet begann, folgenden, alle Werte dieser Herren umfassenden Satz: „Ein Student wurde heute gesehen, als er sich mit einem Mädchen unterhielt – ich will nur sagen: Ihr solltet euch zu schade dafür sein!"

Pt. Robert, unser Englischprofessor, ließ unsere gesamte 5. Klasse bei der nächsten Schularbeit Sätze übersetzen, die ungefähr so lauteten: ‚Ich sah, wie er mit einem Mädchen sprach' bzw. ‚Er stand nah' bei einem Mädchen, das plötzlich errötete'!

Überflüssig zu erwähnen, dass kein Pater jemals ein offenes Wort mit mir darüber gesprochen hätte. Aber stigmatisiert war ich ab diesem Tag.

***

11.

Leibeserziehung

Schon die Bezeichnung für die Turnstunde fand ich damals ‚altvatrisch'. Aber als ich in der 4. Klasse mein erstes Schuljahr in Kremsmünster begann, wurde mir relativ schnell klargemacht, dass Mag. Meidlinger, unser Turnlehrer, seine Stunden oft im Wortsinn gestaltete.

Hr. Mag. Meidlinger war damals ein junger, ziviler Sportlehrer, der mir ausschließlich im Trainingsanzug in Erinnerung ist. Er legte großen Wert auf Disziplin und war bestrebt, den Schüler zu einem besseren Sportler zu machen. Ob das der jeweilige Schüler auch wollte, war außerhalb seiner Prioritäten.

Eine conditio sine qua non war, dass wir in seiner Unterrichtsstunde alle das gleiche grüne Turntrikot mit dem Stiftswappen und der Schulbezeichnung zu tragen hatten. Dies gab es ausschließlich in einem Sportgeschäft, dem Helleis, unten im Ort zu kaufen. Hatte man keines, gab es einen Rüffel und die persönliche Stunde Leibeserziehung verlief dann mitunter anders ab, als die vom Rest der Klasse. Etliche Runden um den Fußballplatz zu laufen, war eine der beliebten Sanktionen.

Hr. Mag. Meidlinger hatte eine Vorliebe für das Geräteturnen. Vor allem für das Reck und den Barren. Für diese Geräte gab es eine Anzahl von Übungen, deren fehlerfreie Durchführung für eine gewisse Note bei ihm unabdingbar war.

Meine Klasse war damals eine ziemlich inhomogene Ansammlung von Pubertären, von denen sich die meisten nicht für Turnen interessierten, ein größerer Teil einigen Ballspielen etwas abgewinnen konnte und nur einige wenige für alle Bereiche dieses Gegenstands die nötigen körperlichen Voraussetzungen und vor allem den Willen mitzumachen, mitbrachten.

Für mich war die Unterrichtsstunde Leibeserziehung meist eine willkommene Abwechslung. Wir hatten davon ohnedies nur 2 Stunden pro Woche. Ich tat mir relativ einfach beim Geräteturnen, war gerne bei allen Ballspielarten mit von der Partie, wobei ich zugeben muss, dass ich beim Fußball doch etwas Luft nach oben hatte.

Zwei Spiele durften wir besonders oft spielen: Zum einen Völkerball. Ein, jetzt im Nachhinein betrachtet, ziemlich brutales Spiel, das zum Ziel hatte, Spieler der gegnerischen Mannschaft mit einem Ball abzuschießen. Da meistens ein harter, eine Hand großer, Plastikball Verwendung fand, konnte ein Abschuss damals ziemliche Schmerzen hervorrufen. Aber so viel Feingefühl war mir und den meisten anderen sportlichen Schülern damals komplett fremd, also schossen wir, so scharf wir konnten.

Das zweite Spiel, das wir häufiger spielten, war eine Form von Landhockey. Dazu wurde der komplette Turnsaal als Spielfeld einbezogen, an dessen Breitseiten ohnehin jeweils ein Tor montiert war. Alle hölzernen Sitzbänke wurden umgelegt und an der Außenseite des Turnsaals aneinandergereiht, damit man eine Art Bande hatte – ein Out war nicht vorgesehen. Zwei Mannschaften zu jeweils 5 Spielern, ausgerüstet mit Schlägern aus Hartplastik, ein Ball oder ein Puck. Schon konnte es losgehen.

Es wäre sicher weniger schmerzvoll gewesen, wenn wir die Turnschuhe hätten anlassen dürfen. Aber nein, wir musste alle bloßfüßig spielen. Das Faktum, dass es kein Out gab, machte das Spiel sehr schnell. Meistens droschen einige Spieler gleichzeitig so lang auf den Ball hin, bis dieser irgendwie den Weg ins Tor fand. Taktik galt als komplett überbewertet. Nicht selten endeten diese Spiele mit blutigen Zehen.

Für die Notenfindung waren diese Spiele jedoch ohne Belang. Ohne „Felgeaufschwung“ am Reck gab es kein „Gut“. Ohne „Felgeumschwung“ kein „Sehr Gut“.

Beide Übungen stellten für mich nicht das Problem dar. Dies war der einzige Gegenstand, in dem ich fast immer einen Einser hatte. Wenn nicht, lag es möglicherweise an der fehlenden Disziplin.

***

12.

Mittagessen

Die Organisation des Mittagessens für rund 200 Schüler und Studenten unterlag strengen Regeln, dem Senioritätsprinzip und einem gerüttelt' Maß Gewalt.

Da der Schultag am Vormittag jeweils nur 4 Schulstunden umfasste, konnten alle Studenten unmittelbar von der Schule ungefähr zeitgleich durch wenige hundert Meter Konviktsgänge zum Konvikt zurück. Dort hatten sich zunächst die 1.–4. Klassler pünktlichst um 12.30 Uhr zur ersten Tranche des Mittagessens einzufinden. Die einzelnen Schulstufen versammelten sich um Tische mit jeweils acht Plätzen. Sorgsam war darauf zu achten, dass man über das Schuljahr immer denselben Platz einnahm. Essen serviert wurde von den Studenten selbst. Die Besatzung eines 8er Tisch' war für die Verteilung des Essens für eine Woche zuständig. Dafür mussten diese acht dann in der 2.ten Tranche mit den 5. – 8. Klasslern ab 13:15 Uhr mitessen.

Die Regel war, dass das Essen in der ersten Woche ans linke Tischende zu bringen war, in der zweiten dann an das rechte. Das Internatsessen war, naja, nicht besonders gut und überdies nicht immer genug. Das führte dazu, dass man nicht immer ausreichend zu essen bekam. Vor allem, die, am Tischende platzierten, Studenten hatten jede zweite Woche nur karge Kost, da nicht gesichert war, dass man von den servierenden Studenten nachbekam. Denn zuerst wurden die Servierleute von der Stiftsküche mit Nachschub versorgt, die die 8. Klassler zu bedienen hatten. Dann die der 7. Klasse und spätestens dann war zumeist nichts mehr verfügbar.

Relativ schnell kristallisierte sich ein Platz in der Tischmitte als die beste Wahl heraus. So war man – bei einem 8 Mann Tisch immer der vierte oder fünfte der an die Futterschüsseln durfte. Wenn man schnell war konnte man fast jeden Tag etwas bekommen. Und an den Tagen, wo sich das nicht ausging, wartete man nach dem Mittagessen ab, bis der Spalier beendet war und beeilte sich ins Dorf hinunter, wo man für wenige Schillinge beim Fleischhauer ausgezeichnete knusprige Ripperln bekommen konnte.

Der Konviktsvorstand, Pater Alfons, war unumschränkter Herrscher über das ganze Szenario. Hatte ein Student sich zu viel auf den Teller geladen und sah' sich außer Stande es aufzuessen, musste er hoffen, dass Fig, wie der brutale Konviktschef von uns genannt wurde, es nicht bemerkte. Oder ein höherer Student. Denn dann musste er alles aufessen, während alle anderen Studenten, vor ihren Stühlen stehend, es abzuwarten hatten. Bis er es behielt. Ein entwürdigendes Szenario. Dass die wartenden Studenten dabei um Teile ihrer ohnehin kurzen Freizeit umfielen, machte es nicht leichter für den Delinquenten.

Am Ende des Mittagessens stand das obligatorische Gebet. Danach waren alle Studenten angehalten, vor dem Saalausgang ein Spalier zu bilden. Sodann schritten zuerst die 8. Klassler, dann die 7. Klassler erhabenen Schritts durch den Ausgang. Die anderen waren gut beraten, sich keinen ‚systemwidrigen' vorzeitigen Abgang zu verschaffen. Wenn Fig das mitbekam, wurde derjenige für einen Tag als „vogelfrei" erklärt. Das hieß, dass einen jeder schlagen konnte, ohne eine Strafe dafür gewärtigen zu müssen.

Aber auch, wenn Fig es nicht gesehen hatte; die durch das Spalier schreitenden Schüler, die alle über Jahre dieselbe demütigende Prozedur über sich ergehen lassen mussten, kannten kein Pardon.

Diese Regel brach ich nur einmal.

***

13.

Wuzzler

Es gab im ganzen Stift ein einziges Tischfußballspielgerät, den sogenannten Wuzzler. Dieser war dementsprechend heiß begehrt bei fast allen Studenten. Seinen Standplatz hatte er am Gang vor dem Freizeit- und TV-Zimmer im Konviktsbereich der Abteilung 5. Dies war der Wohnbereich fast aller 5. und 6. Klassler.

Diese Konviktsabteilung umfasste zwei Studiersäle, zwei Schlafsäle, einen Wasch- & Duschraum sowie Schuhkästen bei den Toilettanlagen. Platztechnisch war alles großzügig angelegt, einrichtungsmäßig nur das Nötigste. So befand sich im größeren Studierzimmer bloß ein kleiner alter Schwarzweiß TV.

Untertags in der knappen Freizeit war es schwierig, am Wuzzler eine Spielmöglichkeit zu finden. Es gab lange Wartereihen, die von Älteren regelmäßig missachtet wurden. Man musste entweder sehr gut sein in diesem Spiel, um auf eine Einladung zum Mitspielen hoffen zu dürfen oder am Freizeitbeginn der Erste sein. Noch zusätzlich erschwert wurde es durch Studenten anderer Abteilungen, die, nach Genehmigung des jeweils zuständigen Präfekten, einen Besuch in der Abteilung 5 zum Wuzzeln erlaubten.

Am Abend allerdings war die Situation entspannter. Um 20:00 Uhr war Abendgebet, danach sollte sich jeder bettfertig für „Licht aus“ um 21:00 Uhr machen. Hatte man die Pflicht erfüllt, konnte man noch im Pyjama zum Wuzzler.

Zu dieser Zeit spielten wir oft, einzeln oder paarweise gegeneinander. Um es spannender zu machen, suchten wir nach einem Wetteinsatz. Geld hatten wir so gut wie keines und um die wenigen Süßigkeiten, die wir von zu Hause für den jeweils mehrwöchigen Aufenthalt mitbekamen, wollte eigentlich auch niemand spielen.

Eine Idee war gesucht. Irgendetwas, was nichts kostete, aber dem Verlierer doch einiges abverlangte.

Unsere Abteilung 5 lag im 2. Stock eines großen Mauergevierts, auf einer Seite die Stiftskirche, rundherum dreistöckige dicke Stiftsmauern, mit vielen großen Fenstern, die einen großen Platz, den Prälatenhof, umschlossen. Dieser Platz war viereckig, mit zahllosen Pflastersteinen ausgelegt und in der Mitte befand sich eine steinernes Achteck, das einen Kreis umschloss.

Prälatenhof, Blick von der Hofmitte auf die Fenster der Abteilung 5 (2. Stock) und 6 (1. Stock)

Prälatenhof Mitte, Achteck

Der Wetteinsatz war damit gefunden. Und er war ebenso genial, dachten wir, wie er eigentlich nur Mut erforderte: Der Verlierer hatte sich im Pyjama in den Kreis im Achteck inmitten des Prälatenhofes zu legen. Eine volle Minute lang. Er durfte auch nicht aufstehen und flüchten wenn sich jemand näherte – und das kam öfters vor, da der Prälatenhof als Querung für z.B. den Gang zur Kirche genutzt wurde.

Die erste Partie gewann ich. Es war ein Tag im Spätherbst. Vorteil: Es war schon ziemlich dunkel draußen. Nachteil: Es war ziemlich kalt draußen.

Der Verlierer machte sich auf den Weg. Wissend, dass der Eingang zum Konvikt bis 21:00 Uhr unversperrt war, huschte er mit Pyjama und Filzpatschen die beiden Stockwerke hinunter und querte den Platz Richtung Achteck und Kreis.

Und er legte sich dorthin. Wir hatten oben in der Abteilung ein Fenster zum Hof geöffnet und stoppten die Zeit. Plötzlich sahen wir, wie sich ein Schatten aus der Kirche in Richtung Platzmitte bewegte. Wir hielten die Luft an. Noch dreißig Sekunden. Der Schatten steuerte auf den Ärmsten zu. Kurz vorher bog er jedoch ab, ohne den liegenden Studenten wahrzunehmen.

Wir zählten die letzten 10 Sekunden laut vom Fenster aus herunter, aber er schaffte es! Bei 0 sprang er wie blitzschnell auf und lief, über seine Filzpatschen stolpernd zurück zu uns. Zitternd. Vor Schiss, aber auch vor Kälte.

Wir haben um diesen Wetteinsatz noch oft gespielt. Auch ich durfte einmal in die Hofmitte. Es war echt eine ziemliche Mutprobe: In den Sommermonaten war es sehr hell, die Wahrscheinlichkeit gesehen zu werden – und sei es nur von einem Fenster aus, war dramatisch hoch. Im Winter allerdings war es arschkalt, teilweise mit Schneeunterlage.

Natürlich sind wir manchmal erwischt worden. Die Strafen waren, je nach Student und Pater, der einen erwischte, variantenreich bis drakonisch. Während die einen eine Zeitspanne Ausgehverbot bekamen, mussten die anderen eine

Woche lang Ministrantendienste um 06:00 Uhr früh in der Michaelskapelle leisten. Die schlimmste Strafe für Internatsschüler war jedoch das Streichen des Heimfahrwochenendes. Während alle am Freitagnachmittag lachend nach Hause fuhren oder von den Eltern abgeholt wurden, musste man selbst bleiben.

Wenn man weiß, dass es – abgesehen von Ferien – nur alle drei bis vier Wochen ein Heimfahrwochenende gab, dann kann man leicht ermessen, was das für einen von uns bedeutete.

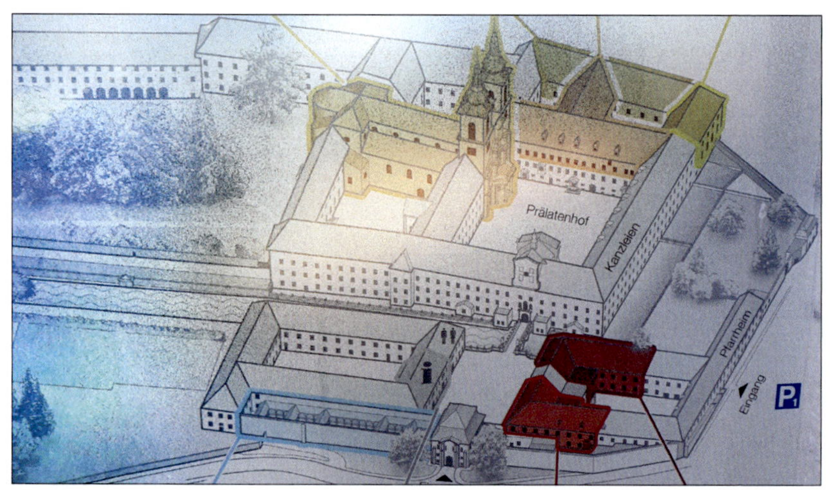

Stift, gesamte Anlage (ohne Schule und Sternwarte). In der Mitte unten der Haupteingang, der in den 1. Hof führt, in dem sich rechts die Stiftsschank befindet. Geradeaus weiter befindet sich eine Steinbrücke, die den Wassergraben überquert und in den Prälatenhof führt.

***

14.

Heimfahrwochenende

Stand ein Heimfahrwochenende bevor, wuchs die Nervosität. Hatte man in den letzten Wochen das Anrecht auf ein Wochenende zu Hause noch nicht verbockt, so wollte man das die letzten Tage davor auch nicht mehr riskieren.

Die meisten Studenten wurden am Freitagnachmittag von ihren Eltern mit dem Auto abgeholt. Die Wiener hatten, der langen Anfahrtszeit geschuldet, die Möglichkeit vom Freitagnachmittagsunterricht Dispens zu bekommen, um die lange Bahnfahrt nach Hause bereits zu Mittag antreten zu können.

In meinem ersten Schuljahr waren wir insgesamt sechs Wiener über alle Schulstufen verteilt. Diese Zahl verringerte sich radikal, sei es durch Schulverweis oder Erreichen der Matura, sodass wir in meinem dritten Jahr nur mehr zu zweit waren. Unser Zug nach Linz fuhr am Freitag um 14 Uhr vom Ortsbahnhof am anderen Ende der Ortschaft Kremsmünster nach Linz ab. Das bedeutete, dass wir unmittelbar nach dem Mittagessen unsere Koffer nahmen und talwärts Richtung Bahnhof liefen. Schwere alte Lederimitatkoffer, teilweise noch mit Schlaufen und Schnallen gesichert. Keine Räder, keine Trolleys. Und Zug verpassen war keine Option. Der nächste Bummelzug nach Linz fuhr planmäßig erst um 18:00 Uhr, was ein Eintreffen zu Hause in Wien damals nicht vor 22:00 Uhr bedeutet hätte. Ging gar nicht; jede Minute zuhause in Wien war heilig!

Knapp nach 17:00 Uhr gab's dann von Linz den Anschlusszug nach Wien. Damals gute zwei Stunden Fahrt. Am Westbahnhof eingetroffen, versuchte ich so schnell wie möglich meine Schmutzwäsche zu Hause abzuliefern und mich mit meinen Freunden zu treffen.

Das war natürlich nicht der Plan meiner Mutter. Sie hatte mich drei Wochen nicht gesehen und das wollte nachgeholt sein. Auch die Großmutter und die Tante sollten besucht werden. Das doppelte Dilemma war: Mein Retourzug nach Linz ging Sonntag spätestens um 16:00 Uhr wieder vom Westbahnhof ab und ich war auf Wäschetausch und Good Will meiner Mutter bezüglich meines Taschengeldes für die nächsten drei Wochen angewiesen. Andererseits hatte ich nicht einmal 48 Stunden, um alle meine Freunde zu sehen und wieder etwas „Großstadtluft" zu atmen.

Kompromisse mussten also gemacht werden. Damit waren, frei nach Aristide Briand, dann alle unzufrieden: Ich, der den oktroyierten Besuch bei der Tante eigentlich zum kurzen Geldschnorren degradierte, den vereinbarten samstäglichen Zapfenstreich großzügig überzog und zusätzlich das gemeinsame familiäre Mittagessen vorzeitig verließ. Meiner Mutter gefiel wiederum gar nicht, dass sie außer eineinhalb Tage Wäsche waschen und Zores so wenig von mir hatte.

So gegen 14:00 Uhr stellte sich dann am Sonntag die Frage, ob ich von meiner Mutter zum Bahnhof gebracht werden würde oder mich bereits langsam mit dem Koffer mittels Öffis auf den Weg machen musste.

Im Nachhinein muss ich sagen, dass sich meine Mutter in diesen Situationen als sehr spendabel erwies. Fast immer war das Taschengeld für die kommende Internatsperiode großzügig bemessen und ich wurde mit dem Auto zum Zug gebracht. Da wir immer sehr knapp im Zeitplan waren, wartete sie immer ein paar Minuten beim Bahnhof, ob ich den Zug auch wirklich noch erwischte.

Ein, zweimal verpasste ich ihn, worauf mich meine Mutter kurzerhand nach Linz zum Anschlusszug fuhr.

Aber im Regelfall erreichte ich ihn und einer von uns Wiener Studenten hatte schon ein Abteil für uns reserviert. Ich kann mich nicht erinnern, dass wir einmal alle sechs gemeinsam gefahren sind; ein, zwei von uns hatten immer so gut wie sicher das Heimfahrwochenende gestrichen bekommen.

Das mag rückblickend vielleicht daran gelegen haben, dass wir Wiener uns vielleicht nicht immer den Autoritäten in Stift und Schule so unterzuordnen gedachten, wie es dort – aber hallo! – von allen Studenten aufs rigideste eingefordert wurde.

Die Fahrt zurück ins Internat war, naturgemäß, nicht in derselben Stimmung, wie zwei Tage zuvor in die andere Richtung.

Gegen 19:30 Uhr Sonntagabend stiegen wir dann mit hängenden Köpfen am kleinen Ortsbahnhof aus und hatten die Qual der Wahl: Entweder mit einem Sammeltaxi gemeinsam rauf zum Stift fahren und rechtzeitig zum verhassten Abendgebet wieder zurück zu sein. Oder den Aufstieg über zahlreiche Stufen und abenteuerlich steile Straßen mit klingenden sowie selbsterklärenden Namen wie „Tötenhengst“ mit dem schweren Gepäck zu Fuß anzutreten und sich dafür das Abendgebet schenken zu können.

Ein Kellerderby, wie wir in Wien oft sagen.

***

15.

Abrechnung

Das Taschengeld, so großzügig es von einer alleinerziehenden Mutter auch immer gestaltet war, es reichte nie. Das war am Anfang meiner Schulzeit dort eine, doch bittere, Erkenntnis. Ausleihen von anderen Studenten war wenig fruchtbringend, da man erst Wochen später wieder an Geld für die Rückzahlung kam. Auch die sofort an Tante und Oma verschickten Bettelbriefe, lösten das Problem nicht wie gewünscht und keineswegs nachhaltig.

Doch es gab Rettung. Und sie war auch fast legal.

Mir riss, anlässlich einer kleinen Meinungsverschiedenheit, das Armband meiner Uhr. Da diese ein Geschenk zu meiner Firmung war, wollte ich ohne großes Aufhebens noch in Kremsmünster das Band richten lassen. Der Juwelier vor Ort erklärte mir, dass es wohl eines neuen Uhrenbandes bedürfe, ein adäquates Band für die tolle „Seiko" mit Taschenrechnerfunktion (!) jedoch ÖS 200,-[2] ausmachen würde.

Das war natürlich viel mehr, als ich hatte.

Zurück im Stift wandte ich mich vollkommen zerknirscht an meinen damaligen Präfekten Pt. Benno. Dieser erklärte mir zu meinem Erstaunen, dass jeder Internatsschüler seiner Abteilung die Möglichkeit hätte, sich, gegen Vorlegen einer Art Eigenerlagsquittung mit Begründung, einen konkreten

---

2 200 Österreichische Schillinge entsprachen anlässlich der Umstellung auf Euro im Jahr 2002 ca Euro 14,50, umgerechnet auf die heutige Kaufkraft damals jedoch knapp Euro 40,-; was viel Geld für mich war.

Betrag von ihm auszahlen zu lassen. Es wäre nur von untergeordneter Bedeutung, ob die Eltern am Schuljahrbeginn ein Depot ausreichend dotiert hätten, spätestens zum Schulschluss würde es berichtigt werden müssen.

☺

Ich war gerettet. Aber sowas von. Zunächst holte ich mir die 200,– Schilling für die Uhrreparatur. Dann Geld für eine Schuhreparatur. Und schließlich dann nochmals das Geld für das Zugticket nach Wien anlässlich des Heimfahrwochenendes. Dass ich dieses bereits von zu Hause erhalten hatte, wusste Pt. Benno freilich nicht.

Natürlich war das Erstaunen meiner Mutter wegen der hohen Endabrechnung groß. Aber erstens waren die einzelnen Beträge in lapidare Überbezeichnungen wie „Reparaturen" und „Reisespesen" zusammengefasst und zweitens, was noch viel wichtiger war, freute sich meine Mutter viel zu sehr, dass ich das Schuljahr positiv abgeschlossen hatte, um konkreter nachzuforschen.

Das Jahr darauf war ich dann bereits in der Abteilung 6, der Pt. Nikolaus als Präfekt vorstand. Das System Scheck gegen Bargeld war auch dort gängig. Es wurde von Nik, wie wir ihn nannten, auch nicht wirklich hinterfragt, wofür wir Geld brauchten. Er war in diesen Dingen sehr pragmatisch. Das ging sogar soweit, dass er gegen Schuljahrende drei Studenten suchte, die ihm diese Jahreskontoabrechnungen abnahmen und als Gegenleistung dafür ein dreigängiges Abendessen in der Stiftsschank auslobte.

Natürlich meldete ich mich. Compliance war noch nicht erfunden in den frühen 80ern und so gelang es mir, meine Abrechnung selbst vorzubereiten und die doch beachtlichen, von mir behobenen Geldbeträge kreativ auf die einzelnen, formularmäßig vorgefertigten, Rechnungsposten aufzuteilen.

Gegenkontrollen gab es keine und rechnerisch stimmten die Abrechnungen selbstverständlich. Der Trick bestand bloß darin, die behobene Gesamtsumme aufzuteilen auf Wäscherei, Reparatur, Schreibmaterialien etc.

Damit gab's für mich ein feines Essen in der Stiftsschank für eine, zu Hause Stress ersparende, Jahresabrechnung. Und alle waren zufrieden.

***

16.

Fernsehen

Ab der Oberstufe hatten die Konviktsabteilungen auch jeweils ein Fernsehgerät, das in gewissen, streng geregelten Fällen auch von den Studenten genutzt werden durfte. Dabei handelte es sich regelmäßig um alte Röhren-TV-Kisten, die selbstverständlich bloß schwarz-weiß Bilder wiedergaben und deren Empfang über eine kleine Fernsehantenne meistens außerordentlich mies war. Ich habe bis heute keine Erklärung, warum nicht auch diese Fernsehgeräte an eine der zahlreichen Stiftsantennen angeschlossen waren. So wurde dauernd mit der Antenne hantiert, um eine zufriedenstellende Bildqualität zu bekommen. Nicht selten wurde einer der jüngeren Studenten mit der Aufgabe betraut, die Antenne während einer kompletten Sendung in einer gewissen Position zu halten.

Die Auswahl an Fernsehprogrammen war bescheiden. Erstens gab es mit halbwegs Empfang nur FS 1 und FS 2, wie damals die beiden Programme des ORF lauteten. Des Weiteren unterlag das Anschauen eines Abendfilms einem kindischen, zensurierten Procedere:

Jeden Freitag wurde am schwarzen Brett im Gang der jeweiligen Abteilung das Fernsehprogramm der folgenden Woche aus der Kirchenzeitung aufgehängt. Jeder Film und jede Sendung waren darin mit einer Altersfreigabe versehen, die ebenso lächerlich wie einzuhalten war. Hatte demnach ein Film den Beisatz „ab 18“ so war er für uns nicht zugelassen. Alle Filme, die laut Kirchenzeitung altersgerecht für uns waren, standen dann einer demokratischen Auswahl offen. Der Film, der die meisten Namen auf sich vereinen konnte, durfte angesehen werden.

In der Abteilung 5 war das TV-Gerät noch ganz vorne im größeren der beiden Studiersäle, sodass sich die Studenten ihre Stühle von ihren Pulten nahmen, um sie davor aufzureihen. In der 6. Abteilung, bei Nik, gab es bereits einen kleinen Fernsehraum. Die wenigen vorhandenen Stühle waren hier streng nach dem Senioritätsprinzip vergeben. Das bedeutete sogar, dass, wenn ein älterer Student inmitten eines Films kam, der jüngste seinen Platz freizumachen hatte.

Der Vorteil eines eigenen TV-Zimmers in der Abteilung 6 lag auf der Hand. Während es in der Abteilung 5 praktisch unmöglich war, das Fernsehgerät verbotener Weise in der Nacht einzuschalten, da der Studiersaal rundum einsichtig war und die Akustik auch weit trug, waren die Voraussetzungen im eigenen TV-Zimmer wesentlich besser. Geschützt von einer dicken Polstertüre, wie sie fast überall im Stift anzutreffen waren, umgeben von sehr dicken Steinmauern, minimierte es das Risiko erwischt zu werden, wenn man nächtens den Fernseher z.B. für einen Western einschaltete.

Im Nachhinein muss ich freilich gestehen, dass sich die erlaubten Fernsehabende nicht nachhaltig in mein Gedächtnis gebrannt haben. Aber in der Nacht, im Pyjama, im riesigen Stift, verbotenerweise alleine vor dem flackernden TV-Gerät zu sitzen – das war einprägsam.

Einmal kam ich in der Nacht, auf Filzpatschen über den langen weiten Gang schlurfend, zum Fernsehzimmer und musste zur Kenntnis nehmen, dass sich ältere Studenten irgendeine Wahlsendung ansahen und ich so keine Möglichkeit hatte, mir einen alten Western mit Dean Martin anzusehen.

Es gab einen Ausweg. Aber der war riskant. Auch im Speisesaal stand ein TV-Gerät. Dies wurde ganz selten, wenn der Konviktsdirektor Pt. Alfons vulgo „Fig“ sehr gut aufgelegt war, zum Essen aufgedreht, wenn z.B. Annemarie Pröll wieder eine Siegesfahrt hinzulegen beabsichtigte.

Aber der Speisesaal war etliche Stufen und Gänge, vorbei an anderen Abteilungen, entfernt. Damit stieg das Risiko, erwischt zu werden. Auch war der Speisesaal ganz in der Nähe der Gemächer von Fig. Der war der Letzte, von dem man erwischt werden wollte.

Andererseits bestand die Chance in der danebenliegenden Küche etwas Essbares zu finden. Wachdienste gab es nicht. Und im Allgemeinen kamen die Patres, wenn sie sich einmal zurückgezogen hatten, nicht mehr aus ihren Kammern.

Ich dachte, was kann mir schon passieren? Im worst case wurde ich erwischt und es würde eine sogenannte Konviktskonferenz geben, in welcher die sieben Abteilungspräfekten über Verbleib oder Rauswurf eines Studenten abstimmten und mich dann des Konvikts verwiesen, was zwangsläufig auch den Abgang aus der Schule bedeutete. Wobei: das wäre das worst case szenario für meine Mutter gewesen. Ich wäre wieder nach Wien zurückgekommen und meine Karriere im Provinzgymnasium wäre beendet gewesen. Das hielt ich in den ganzen drei Jahren für ein akzeptables Risiko bei meinen Aktionen.

Also schlich ich mich in Richtung Speisesaal. Vermied es irgendeinen Lichtschalter aufzudrehen, zählte Stufen und Schritte, um mich bei einer womöglich überstürzten Rückkehr sicherer zu fühlen.

Ich glitt auf meinen Filzpatschen geräuschlos über die Gänge und erreichte den Speisesaal. Er war unversperrt; drinnen bereits alle Tische für das Frühstück am nächsten Tag vorbereitet. Ich hielt inne und lauschte. Nichts. Also drehte ich den Fernseher auf. Hier war sogar der Empfang besser. Leider fand ich in der Küche nichts Verwertbares zum Essen. Aber ich erinnerte mich an den Kakaokasten.

Der war eigentlich nur ein Küchenschrank, indem sich die Studenten ihre löslichen Kakaoarten, penibelst beschriftet, aufbewahrten, um sich beim Frühstück die gestreckt schmeckende Milch aufzubessern. Also naschte ich Kakao und schaute Western. Ungestört.

Knapp nach Mitternacht tapste ich wieder zurück in meine Abteilung und erreichte ungefährdet meinen Schlafsaal.

17.

Sigi

Natürlich gab es im Konvikt auch eine Krankenstation. Verständlicherweise ziemlich disloziert von den anderen Abteilungen bestand sie aus zwei kleineren Zimmern mit jeweils 4 Betten. Geleitet wurde die Station von der einzigen geistlichen Schwester im Stift – Sr. Sieglinde.

Sigi, wie wir sie liebevoll hinter ihrem Rücken nannten, war eine ziemlich alte und sehr kleine Frau, die in ihrer Schwesterntracht immer gleich aussah: Weiße Tracht, weißes Häubchen, Haare fast zur Gänze darunter verborgen. Sie war die Güte in Person und leider bereits etwas schwerhörig.

Fühlte man sich krank, stand unvorbereiteter Weise eine „Altgriechisch" – Schularbeit bevor oder hatte man, zum bereits dritten Mal in Folge, verabsäumt, die Hausübung zu machen, zog man einen Besuch bei Schwester Sigi in Betracht.

Dieses wollte sorgsam überlegt sein. Und war zudem nicht so einfach. Zunächst musste man den Präfekten vom gegebenen Unwohlsein überzeugen. Dieser fragte dann nicht selten nach dem Stundenplan und allfälligen Besonderheiten an diesem konkreten Schultag.

Hatte man diese Hürde genommen, wurde man zu Sigi geschickt. Mit Pyjama, Bademantel und Waschzeug.

Sigi war nun bestrebt, rauszufinden, was einem fehlte und ob es allenfalls sogar notwendig wäre, den praktischen Arzt aus dem Dorf kommen zu lassen.

Das Kunststück bestand nun darin, dass man zwar in der Krankenabteilung von Schwester Sieglinde Aufnahme fand – ein Arztbesuch von Ihr jedoch als nicht notwendig eingestuft wurde. Dank ihrer Schwerhörigkeit war das mitunter ein schwieriges Unterfangen. Zumal Kranksein für Schwester Sieglinde zwingend Fieber erforderte, allermindestens erhöhte Temperatur. Daher bekam man zuallererst einen Thermometer verpasst.

Jetzt sollte die Quecksilbersäule natürlich die 37 Grad überschreiten – was eine gewisse Herausforderung darstellte, so man nicht wirklich krank war.

Die meisten Tachinierer hatten sich bereits gewisse Grundfähigkeiten bezüglich Manipulierens des Thermometers erworben. In der Heizperiode musste man z.B. nur die Spitze des Fiebermessers in einem gewissen Winkel an den heißen Heizkörper legen und man konnte zusehen wie die Quecksilbersäule anstieg. Man war gut beraten, es temperaturmäßig nicht zu übertreiben, denn sonst wurde man entweder erwischt beim faken des Gesundheitszustands. Was natürlich empfindliche Strafen nach sich zog.

Oder man hatte einen langen Aufenthalt in der Krankenabteilung vor sich. Was nicht so witzig war. Man bekam – egal was man hatte oder nicht – immer bloß Schonkost. Und heißen Tee. Heißen, grauslichen Internatstee. Nichts Anderes. Den ganzen Tag. Jeden Tag.

Überdies gab es ein ungeschriebenes Gesetz, dass man am Freitag nicht mehr aus der Krankenstation entlassen wurde, sondern frühestens Sonntagabend. Was eine Katastrophe war im Falle eines Heimfahrwochenendes, ein mittelschweres Ärgernis an jedem anderen Wochenende. Man hatte ja strikte Bettruhe, um wieder gesund zu werden. Und war – als real Gesunder – tagelang sowohl geistig als auch körperlich unterfordert.

Alles in allem wollte daher ein fingiertes Kranksein wirklich gut überlegt sein. Dem Entkommen eines Schultages standen etliche schwer einschätzbare Widrigkeiten gegenüber, die mich nur zweimal in drei Jahren zu diesem schweren Geschütz griffen ließen.

***

18.

Haircut

Selbstverständlich waren die Riten der römisch katholischen Kirche von großer Wichtigkeit im Stift Kremsmünster. Damit war auch ganz klar, dass wir Studenten alle gefirmt wurden. Ausgenommen davon waren nur die zwei evangelischen Klassenkameraden unserer Schulstufe. Wir anderen hatten bereits ab März verpflichtenden Firmunterricht für die, dann im Juni stattfindende, Firmung.

Dieser Firmunterricht war auf eine Vielzahl von Stunden aufgeteilt und fürchterlich langweilig. Allerdings wurde die Anwesenheit streng kontrolliert und bei Fehlen der, insgesamt dritten, Vorbereitungsstunde wurde man von der Firmung gestrichen. Das wollte keiner riskieren.

Außerdem ging es ja auch um das Firmungsgeschenk und den – für Wiener traditionellen – Praterbesuch. Auf Empfehlung meiner Mutter, wurde mir der Mann ihrer Schwester als Firmpate nahegelegt. Der war nicht unvermögend, aber leider bereits aus der Kirche ausgetreten – was ihn für den Job formell ungeeignet erscheinen ließ. Deswegen übernahm die formelle Patenschaft sein ältester Sohn, mein Cousin Karl.

Die Firmung selbst wurde außerhalb vom Stift, in einer Kirche auf einer Anhöhe neben den Stiftsmauern, am Kirchberg zelebriert. Wir waren ca. dreißig Firmlinge, jeder begleitet von einer größeren Verwandtenschar.

Nach Beendigung des dazugehörenden Gottesdiensts wurde mir das Firmungsgeschenk übergeben – eine höchst moderne digitale (!) Armbanduhr, eine Seiko, die sogar eine Taschenrechnerfunktion aufwies. Zur Bedienung dieser Funktion gab es einen kleinen Stift und ich war die anschließende Autofahrt nach Wien ausreichend beschäftigt.

Da die Firmfeierlichkeiten an einem Freitag stattfanden, zerstreuten sich die Firmlinge und der jeweilige Anhang und teilten sich auf die, in der Umgebung liegenden, Gasthäuser auf.

Wir fuhren nach Wien und verbrachten den darauffolgenden Samstag standesgemäß im Prater, eine große Mittagstafel mit der Verwandtschaft eingeschlossen.

Am nächsten Tag ging es wieder per Zug zurück nach Kremsmünster.

Ich trug damals die Haare etwas länger. Sicher schulterlang. Das war die einzig legale Methode, mich dem katholischen System etwas zu widersetzen. Und ja, das wurde auch von den Patres und sogar manchen Studenten als der Affront wahrgenommen, der von mir intendiert war.

Eines Abends kam mein Freund Mario K. auf mich zu und fragte mich, ob ich nicht auch gerne ein, zwei Freibiere hätte. Ein paar Studenten hätte welche besorgt und würden diese jetzt unten in der Telefonzelle trinken.

Mir erschien diese Geschichte damals gar nicht unplausibel. Gemessen an den vielen kleineren und größeren Verrücktheiten im Stift kam mir gar nicht in den Sinn, dass dies eine Falle sein könnte. Außerdem führte mich ja Mario in Versuchung.

Aber es war eine Falle.

Ich lief die Treppen runter zur Telefonzelle. Als ich sie öffnete war es dunkel und ich sah zunächst gar nichts. Aber sogleich wurde die Tür wieder zugemacht und ich wurde von drei bis vier Studenten festgehalten und zu Boden gerungen. Während ich mich verbissen wehrte und um mich trat und schlug, wurden mir mit einer Schere die Haare geschnitten.

Wie Samson dachte ich.

Da ich ziemlich wild um mich schlug war die Sache bald vorbei. Ich hatte einen der Angreifer auf die Nase getroffen und der, über mich gebeugt, blutete mich ziemlich an. Damit beendeten die vier ihre Aktion und verließen die Telefonzelle.

Aber ich hatte sie alle erkannt. Jeden Einzelnen.

Ich sann auf Rache.

Zunächst ging ich in unseren Waschbereich und wusch mir das Blut ab, das Gott sei Dank ja nicht mein eigenes war. Dann betrachtete ich den Schaden. Sie hatten doch einige Haarbüschel rausgeschnitten. Ich schaute etwas devastiert aus. Und vor allem: Es war nicht zu verbergen – weder vor den Präfekten, noch am nächsten Tag in der Schule.

Daher meldete ich die Angelegenheit. Ich machte kein großes Aufsehen, erklärte aber den Präfekten der Angreifer, dass ich die Friseurkosten per Eigenerlag von jedem finanziert haben wollte.

Dafür hatten die Präfekten Verständnis. Also ließ ich mir ohne Wissen der vier Studenten den Betrag für die nächsten vier, fünf Friseurbesuche im Vorhinein ausbezahlen.

Ich hätte gerne Ihre Gesichter am Schulschluss gesehen, wenn Sie diese Abrechnungen Ihren Eltern zu erklären hatten.

Mario entschuldigte sich im Nachhinein. Er sagte, er hätte keine Wahl gehabt, auch hätte er nicht gedacht, dass es so gewalttätig ablaufen würde. War mit einem Bier erledigt.

***

19.

Rauchen

Wir Studenten ließen uns damals vielleicht in drei Kategorien einteilen. Quer über die Schulstufen hinweg gab es einen Großteil von Angepassten. Deren primäres Bedürfnis war darauf ausgerichtet, nicht anzuecken. Weder an den Patres, noch an den anderen (älteren) Studenten.

Dann gab es eine kleine Gruppe von Strebern und Schleimern. Aus dieser Gruppe wurden z.B. die Prätorianer erwählt – die kleinen Hilfsscheriffs der Präfekten. Die waren nur allzu gerne bereit, für kleinste Vergünstigungen gewisse Hilfsdienste zu leisten oder Informationen zu geben.

Die dritte Gruppe waren die, nennen wir sie euphemistisch Systemkritischen. Bei einem 1200 Jahre alten Kloster mit jahrhundertealten Traditionen, waren diese natürlich eine ständige Provokation in den Augen der Klerikalen.

Und da passte das Rauchen wunderbar hinein. Offiziell war ab der 7. Schulstufe das Rauchen außerhalb der Stiftsmauern nicht verboten. Was nicht bedeutete, dass man sich als Raucher nicht ständig an den Pranger gestellt fühlte (Im Gegenzug war die Stimmung gegenüber Rauchern Anfang der 1980er Jahre in der Öffentlichkeit generell sehr tolerant, man sehe sich nur Filme aus jener Zeit an oder denke an die hinteren Raucherreihen in den Flugzeugen).

Überdies war „außerhalb“ der Stiftsmauern ein durchaus enges Korsett – war das Stift doch sehr weitläufig, mit wenigen Toren. Es für eine, eigentlich legitime, Zigarette vor dem morgendlichen Schulbeginn zu verlassen, stellte eine zu hohe Hürde gemessen an unserem Zeitbudget dar.

Nun beherbergte der 1. Stiftshof nicht nur einen großen Parkplatz und die Stiftsschank, sondern auch eine öffentliche Toilette. Da es uns untersagt war, über die Innenhöfe zum Schulgebäude zu gehen, mussten wir den Weg außen über den 1. Stiftshof durch die Arkadengänge nehmen, vorbei an dieser Toilette.

Arkadengang zur Schule;
an der rechten Seite vom Wassergraben begrenzt.

Ich war damals ein Schüler der 4. Klasse und rauchte. Mir war es selbstverständlich gänzlich untersagt zu rauchen. Schon von Gesetzes wegen. So wie einer Handvoll anderer Studenten, die noch nicht die 7. Klasse erreicht hatten.

Was uns einte, war die Tatsache, dass keiner in der Toilette rauchen durfte. Das hielt uns natürlich nicht davon ab. So standen häufig fünf, sechs Studenten um 10 vor 8 Uhr und pafften hastig eine Zigarette. Im Bewusstsein, sehr nach Rauch zu stinken, sprühten wir uns danach noch heftig mit einem, meist nach Tannennadeln riechendem, WC-Spray ein.

Klar wurden wir gefragt, ob wir geraucht hätten. Aber wir logen und das Gegenteil war meistens nicht beweisbar.

Allerdings ging das nicht immer gut.

Eines Tages kam ich nach dem Nachmittagsausgang vom Ort unten wieder zurück ins Stift. Ab 17.00 Uhr war Studierzeit und ich wollte mir vorher noch eine kleine Jause holen. Ein kleines Buffet mit Schwarzbrotscheiben in großen Körben sowie einige Töpfe Schmalz und Aufstriche standen ab 16:00 Uhr ebenso wie kalter Tee an einem Tisch im Speisesaal für Hungrige zur Verfügung. Es war nicht mehr als ein kleines Angebot, das ohnehin nur von wenigen in Anspruch genommen wurde.

Als ich den Speisesaal betrat, sah ich Fig. Ich blieb unvermittelt stehen. Er sah mich und winkte mich zu sich. Ich hatte keine Chance. Er roch sofort, dass ich nach Zigarettenrauch stank – so wie es jeder Nichtraucher sofort merkt. Er herrschte mich an, ihn anzuhauchen. Unvermittelt bekam ich eine Ohrfeige, dass ich zu Boden ging. Und eine Vorladung zur Privataudienz bei ihm nach dem Abendessen.

Ein anderes Mal war ich gerade auf der Brücke über den Wassergraben unterwegs zurück zu meiner Abteilung als mir Pt. Nikolaus, Nik, entgegenkam. Ich grüßte und als er an mir vorbeiging, drehte er sich um. Und bat mich zurückzukommen. Er fragte, was ich in meiner Gesäßtasche eingesteckt hätte. Und obwohl die Zigarettenpackung Johnny Filter damals im Jeansdesign verpackt war und ich auch eine Jean anhatte – es war klar, dass ich Zigaretten eingesteckt hatte.

Er streckte seine Hand aus, deutete mir, dass ich ihm die Packung geben solle und holte weit aus. Aber er schlug nicht zu, zerdrückte das Zigarettenpackerl und sagte, dass ich es wegschmeißen solle. Nichts weiter.

***

20.

Schwarzer Adler

Das Stift Kremsmünster war und ist eine bedeutende Wirtschaftsmacht. Jedenfalls in der gesamten Region. Über Jahrhunderte zugekaufte, ererbte Äcker und Grundstücke machten es überdies zu einem großen landwirtschaftlichen Betrieb, dessen Vermögen ja nicht durch Scheidung oder Erblassung gemindert werden konnte. Auch die, mittlerweile zur Marktgemeinde aufgestiegene, Dorfgemeinschaft verdankt ihre Existenz dem Stift.

Vor diesem Hintergrund war es für uns Studenten nicht einfach, aus dem System ein klein wenig auszubrechen. Die Bevölkerung war dem Stift ergeben. Man wusste nie, wer einen beobachtete und vielleicht einen Hinweis an das Stift gab.

Die Marktgemeinde hatte zu dieser Zeit ein Kaffeehaus, dessen Besuch ab der 4. Klasse erlaubt war. Zwei, drei Wirtshäuser, die aufzusuchen ab der 7. Klasse eingeschränkt erlaubt war. Tagesablauf und geschickt terminisierte Gebete bzw. Messbesuchverpflichtungen reduzierten die Möglichkeiten, ins Gasthaus zu gehen, vom Time Management her sehr stark. Da zwei der Wirtshäuser aufgrund der Entfernung und Lage zum Stift faktisch ausschieden: eines war am anderen Ende des Dorfes und das zweite, der „Kaiser Max“, direkt vor dem Haupteingang des Stifts, blieb uns Studenten eigentlich nur „Der Schwarze Adler“. Dieser war von einem Seiteneingang des Stifts ca. 15 Minuten eine Straße steil bergab, dem so genannten Tötenhengst, gelegen.

Dort kehrten wir manchmal ein und es kam zu teilweisen grotesken Situationen. Wie, wenn uns der Wirt noch beim Eingang abfing, um uns mitzuteilen, dass bereits ein Pater im Gastraum sitze. Oder wenn man unvermutet auf andere Studenten traf.

Traditioneller Weise war es im Mai und Juni einfacher, sich ins Wirtshaus davonzustehlen. Im Mai gab es in der Stiftskirche täglich ab 17:00 Uhr die sogenannte Maivesper, eine rund einstündige Kirchenandacht. Der Besuch dieser Vesper brachte einen Dispens vom Nachmittagsstudium mit sich.

Im Juni wiederum war mitunter das Schuljahr zum Großteil „gegessen", die Noten standen mehr oder weniger bereits fest. Außerdem war es in leichter Sommerbekleidung immer einfacher, sich wieder unters Studentenvolk zu mischen, als mit schweren Winterjacken.

Da ein alleiniger Wirtshausbesuch als wenig sinnvoll erachtet wurde, war das Verabreden und Abstimmen mit Gleichgesinnten der Knackpunkt.

Ich erinnere mich noch an einen lauen Maitag, wo wir zu viert den Schwarzen Adler aufsuchen wollten.

Gasthaus ‚Zum Schwarzen Adler'

Zunächst gingen wir, für jeden sichtbar, nacheinander in die Stiftskirche. Dann eruierten wir, ob es geschickter war, rechts vom Altar durch die Sakristei in Richtung „Gesperre" zum Ausgang zu gelangen oder aber unbeobachtet aus der Kirche, mit ein paar anderen Kirchgängern mitzugehen.

Herausforderung war nicht nur die Überquerung des riesigen, allseits einsehbaren 2. Stiftshofes, des sogenannten Prälatenhofes, sondern auch die Steinerne Brücke. Über die musste jeder gehen, der das Stift betreten oder verlassen wollte, ohne sich über den Graben links abseilen oder durch den Wassergraben schwimmen zu müssen.

Dann musste der Arkadengang zum Seitentor noch überbrückt werden und schon war man zumindest außerhalb der Stiftsmauern. Dort war die Wahrscheinlichkeit, spontan einem Pater zu begegnen, doch geringer. Wiewohl wir doch immer den Verdacht hatten, dass gewisse Ortsbewohner den Klerikalen einen ‚Zund gaben'[3].

In der Praxis lief es manchmal wie ein kleines Heeresmanöver ab. Drei suchten Deckung in einer der zahlreichen Nischen, die die Struktur des Stifts bot, während einer den Späher machte und vorauslief.

So hantelten wir uns an diesem Maiabend zum Wirt. Bier getrunken, Tarock gespielt, Zigaretten geraucht – schnell war die Zeit verflogen.

Da wir alle in der 6. Abteilung waren, hatten wir alle dasselbe Problem. Es war bereits kurz vor 20:00 Uhr. Damit konnten wir es nicht mehr zeitgerecht zum Abendgebet schaffen. Falls wir bis dahin noch nicht aufgeflogen waren wegen nicht gemeldeter Abwesenheit, beim Abendgebet hatten wir jetzt gute Chancen.

Das Abendgebet fand im größeren Studiersaal statt. Wie an anderer Stelle bereits erwähnt, war der Saal voll mit Pul-

---

3 ‚An Zund geben': steht umgangssprachlich für: einen Tipp geben (oft bei einer verbotenen Sache)

ten und jedes Pult an drei Seiten mit Wänden abgedeckt. Die Studenten, die ihr Pult in diesem Saal hatten, saßen dann meist leger auf ihren Stühlen um das lästige Abendgebet hinter sich zu bringen, während die anderen einen Stehplatz in Kauf nehmen mussten.

So gegen 20:00 Uhr erschien dann Nik. Je nach seiner Stimmungslage fing er gleich an einen Psalm vorzulesen. Oder er checkte unsere Anwesenheit durch Vorlesen der Nachnamen in alphabetischer Reihenfolge.

Ab diesem Zeitpunkt wurde es dann eng für den jeweilig Abwesenden. Selbstverständlich hatte jeder von uns vier einen, beim Abendgebet immer anwesenden, Studenten gebeten, ein „Hier" zu antworten falls der Name aufgerufen würde. Natürlich wurde für diese Hilfestellung einer bevorzugt, der an seinem Pult sitzen konnte und sich damit dem suchenden Blick von Nik entzog.

Aber bei einem nachfragendem „Wo?" war es dann vorbei. Der falsch ‚Hier' rufende Student hatte keine Probleme zu gewärtigen, da er nie eruiert wurde. Nur das Fehlen flog dann definitiv auf.

Und es erging dann der unmissverständliche Aufruf an alle Studenten, den Abwesenden sofort nach Auftauchen zu Nik zu schicken.

Hatte man Glück im Unglück konnte man nach Erreichen der Abteilung noch g'schwind' das nach Wirtshaus und Rauch stinkende Gewand ausziehen, sich duschen und Zähneputzen und trat erst dann den unvermeidlichen Canossagang an, irgendeine mäßig originelle Ausrede vortragend.

Aber es war wenig wahrscheinlich, dass alle vier davonkamen. Einen erwischte es fast immer. Der wurde dann mächtig unter Druck gesetzt, die anderen zu verraten und sich vollkommen geständig zu verantworten.

Nicht nur dieses Mal, als es wieder einen von uns erwischte, hielt der Betreffende dicht. Es ist mir kein einziges Mal in Erinnerung, dass einer gepetzt hätte. Und, Mann, die Patres kannten sich aus bei Druckaufbau. Je nachdem wie wichtig es ihnen war, ein Exempel zu statuieren, reichten die Druckmittel von Ausgehverbot bis Sperre von Heimfahrwochenenden (!) bis zu Vorladung zur Privataudienz beim Konviktsdirektor.

***

21.

Die Privataudienz

Konviktsdirektor Pt. Alfons Mandorfer war ein allseits gefürchteter Mann. Er war knappe 50 Jahre, groß, Tonsur tragend und – vorsichtig ausgedrückt – von wechselndem Gemüt. Hatte er einen seiner Migräne – Tage, war es besser, einen so großen Bogen wie möglich um ihn zu machen. Seine Privatzimmer lagen unter dem Hinterausgang der Stiftsküche, was ihm einen raschen und direkten Zugang zum Speisesaal ermöglichte.

Diesen nutzte er, um sporadisch bei der Jause vorbeizuschauen. Von uns Studenten wurde Fig immer das allergrößte Misstrauen entgegengebracht. Schlimme Gerüchte schwurbelten unter den Studenten.

Als ich mir die Privataudienz einhandelte, war sogar mir etwas murmelig. Ich wusste nicht, was mich erwartete und Gerüchte gab es viele. Ich ging also nach dem Abendessen Richtung Speisesaal, querte diesen und begab mich neben den Kücheneingang Richtung steinerner Wendeltreppe. Diese führte, eng gewunden, einen Stock tiefer zu den Räumen von Fig.

Ich öffnete die gepolsterte Außentüre und klopfte an der schweren, hölzernen Innentüre. Als ich hereingerufen wurde, überfiel mich in der Sekunde großes Unbehagen.

Es war ein großer Raum mit schweren, schwülstigen Polstermöbeln, bedrückenden massiven Holzschränken, neben einem sogar eine mannsgroße Ritterrüstung. Alles wirkte angeräumt und es stank fürchterlich nach dem, so eigenen, Eau de Toilette von Fig, das wir alle kannten und stets mit Würgereiz in Verbindung brachten.

Direkt vor mir saß, mir den Rücken zugewandt, Pt. Benno, mein damaliger Präfekt. Getrennt durch einen verschnörkelten Beistelltisch saß ihm Fig gegenüber auf einer alten, rotgoldenen Barockcouch. Beide wie immer im Talar. Mit ernstem Gesicht verlangte Fig nun, dass ich neben ihm auf der Couch Platz nehmen sollte, indem er mit der flachen Hand auf den Platz klopfte. Das steigerte mein Unbehagen immens. Ich ging ein, zwei Schritte in die gewünschte Richtung und setzte mich dann intuitiv auf den freien Sessel neben Pt. Benno. Der würdigte mich keines Blickes und sah bloß zu Fig vis a vis, dem sofort die Zornesröte ins Gesicht schoss.

Was dieser absolut nicht leiden konnte, war, wenn sich ihm jemand widersetzte. Aber so groß mein Unbehagen auch war, ich hatte nicht vor, ihm näher zu kommen, als es absolut sein musste. Und da war ja auch noch Benno. Der war zwar degoutant unterwürfig und Fig total untergeben. Aber dennoch fühlte ich mich einen Hauch sicherer.

Dann ging es los. Mit wem ich unten im Dorf gewesen wäre, ob ich Alkohol getrunken hätte. Ich könne ruhig alles zugeben, sie wüssten es schon längst. Sie wollten nur sehen, ob ich vertrauenswürdig sei und es würde natürlich auch um das Strafmaß gehen.

Ich gab nichts zu. Außer das Offensichtliche. Ich hatte geraucht. Allein. Punkt. Ich dachte nicht im Traum daran, meinen Kollegen zu verraten.

Aber es war nicht einfach. Bis auf den einen Versuch, mich mit fünf kleinen Tafeln Schokolade zum Verrat zu bewegen. Das fand ich damals schon lächerlich. Ich blieb stocksteif auf dem klobigen, gepolsterten Stuhl mit den geschwungenen goldenen Armlehnen sitzen und ließ das Wechselspiel von Drohungen und potentiellen Straferleichterungen über mich ergehen.

Schlussendlich wurde mir eröffnet, dass erstens meine Mutter vorgeladen und zweitens eine Konferenz der Präfekten einberufen werde, die über meinen Verbleib im Stift abzustimmen hätte.

Man entließ mich aus dieser Privataudienz mit der Gewissheit, dass meine Tage in Kremsmünster gezählt seien.

Ich war bloß froh', diesem Zimmer zu entkommen. Zurück in der Abteilung, wollten natürlich alle wissen, wie es gewesen war. Es war beruhigend für mich, zu bemerken, dass die Anteilnahme groß war. Ebenso wie für die anderen, dass ich nicht geplaudert hatte.

Das kleine Manko am Ausgang dieser Geschichte betraf allerdings meine Mutter. Diese hatte erstens keine Ahnung, was wirklich los war und musste sich trotz ihrer zwei Jobs, die sie damals hatte, um für meine Schwester und mich zu sorgen, die Zeit nehmen, über 200 Kilometer zu fahren, weil der Herr Sohn eine Zigarette geraucht hatte.

Aber sie war nicht zu unterschätzen. Während ich mich schon wieder zurück in Wien bei meinen Freunden sah, die Verlockungen einer Großstadt genießend, kam sie der Vorladung nach und versprach offensichtlich das Blaue vom Himmel, sodass ich sogar die Konferenz überstand. Juhu!

Es sollten noch zwei weitere Schul- & Internatsjahre folgen.

***

22.

Pater Ferdinand

Pt. Ferdinand war ein stämmiger, kräftiger Mann, der nicht nur die 3. Abteilung leitete, sondern auch Geographie in der Schule unterrichtete. Er hatte keine Tonsur und, obwohl er immer im Talar unterwegs war, wirkte er eigentlich wie ein Weltlicher. Noch keine 50 Jahre alt, kämmte er seine bereits teilweise ergrauten, Haare mit Gel zurück. Er galt den meisten als relativ coole Socke, auch wenn er manchmal ansatzlos auszucken konnte. Böse Zungen behaupteten, dass er mit dem Glauben an sich wenig am Hut hatte, dass aber einige uneheliche Kinder und deren Unterhaltsansprüche ihn in das Stift eintreten ließen.

Die Abteilung 3 war unweit des Speisesaals gelegen und beherbergte die Internatsschüler der 3. und 4. Schulstufe. Direkt neben dem Studiersaal befanden sich seine persönlichen Räumlichkeiten.

Wie bei allen anderen Abteilungen war der Eingang zu diesen privaten Zimmern durch mächtige Polstertüren geschützt. Diese waren von einem altehrwürdigen marmornen Torbogen umrahmt. Direkt über diesem Torbogen stand auf einem alten weißen Zierschild in schwarzen geschwungenen Lettern auf Latein der Name des Abteilungsleiters. P. Ferdinandus.

Mag es an der Tatsache gelegen sein, dass eben die Abteilung 3 am Gang in Richtung Speisesaal lag und alle Studenten hier mehrmals am Tag vorbeikommen mussten, oder aber daran, dass bei den 13–14 jährigen dieser Abteilung erstmals der pubertäre Widerspruchsgeist gepaart mit einer gewissen Kreativität zur Entfaltung gelangte: Gerne wurde der Punkt nach dem P und die letzten beiden Buchstaben aus der Bezeichnung mit weißer Farbe übermalt, sodass bloß „Pferdinand“ übrigblieb.

Dies trieb dem, an sich gemütlichen, Pt. Ferdinand die Farbe ins Gesicht, wenn er seiner Namenstafel ansichtig wurde. Selbstverständlich wurde die Wiederherstellung schleunigst veranlasst, um ein paar Tage später wieder dem lustigen Spiel zum Opfer zu fallen.

Wenn Pt. Ferdinand's Hutschnur überspannt war, hatte er zwei vollkommen unterschiedliche, aber überaus unangenehme Bestrafungsmethoden für die Schüler. Die eine wurde stets angewandt, wenn er dem Schüler gleich habhaft wurde. Er nahm den Schüler dann an den kurzen Haaren beim Ohr, wo das Ziehen daran besonders schmerzhaft war. Dann zog er so fest nach oben, dass der Schüler, einer Ballerina gleich, nur mehr auf den Zehenspitzen stand und um das Aufhören flehte. Es trieb einem regelrecht die Tränen in die Augen.

Seine zweite Bestrafungsart fand vor allem während seines Unterrichts Anwendung. Pt. Ferdinand war kein schlechter Geographielehrer, allerdings genoss er es, am Lehrerpult zu sitzen und Schüler an die Tafel zu holen, um ihr Wissen anhand der, dort aufgehängten, Landkarten zu überprüfen.

Manchmal, wenn der an der Karte stehende Schüler die Frage nicht oder nur unzureichend beantworten konnte, wurde diese Frage an einen anderen Schüler in der Klasse weitergereicht.

War dieser unaufmerksam, zog er gelegentlich seinen Schlüsselbund aus den Tiefen seines Talars und schoss ihn auf den Ahnungslosen. Das ging blitzschnell und ließ dem präsumtiven Opfer nicht immer genug Zeit auszuweichen. Dass er bloß auf den Körper zielte, half da recht wenig, da es ein ziemlich großer Schlüsselbund und jeder Treffer sehr schmerzhaft war.

***

23.

Telefon

In den ganz frühen 1980er Jahren war die Kommunikation von uns Studenten raus aus dem Stift gar nicht so einfach. Gängigste Methode war noch immer das Briefschreiben. Allerdings dauerte es bestenfalls doch eine Woche, bis man eine schriftliche Antwort bekam. Die Alternative war das Telefon. Sowohl Benno als auch Nik hatten jeweils einen Apparat in ihren Privatzimmern.

Zusätzlich gab es noch vor dem Eingang zum Prälatenhof einen kleinen Raum, der zu einer Telefonzelle mit einem Münzfernsprecher umgerüstet worden war. Das Telefonieren von dort war wenig populär. Für ein kurzes Telefonat nach Wien brauchte man mindestens 10,- Schillinge. Die wollten zuerst gewechselt sein. Auch war man darauf angewiesen, dass der Münzfernsprecher frei war und funktionierte. Und selbst wenn man niemand erreichte, schluckte dieses Gerät immer ein paar Münzen.

Wir hatten daher Interesse, Gespräche von den Festnetzanschlüssen der Abteilungsleiter zu führen. Selbstverständlich blieb es uns unbenommen, Benno oder Nik zu fragen. Ich denke, eine halbwegs brauchbare Begründung vorausgesetzt, sie hätten uns das Telefonat nicht verwehrt. Allerdings gab es für uns damals so gut wie keine Privatsphäre, was bedeutete, dass man dann in Gegenwart des Präfekten sein Telefonat zu führen hatte.

Dass dies keine brauchbare Option darstellte, zeigte sich in den Fällen, wo Eltern anriefen um ihrem Sohn irgendetwas Wichtiges mitzuteilen. Da standen dann der Präfekt, wie auch der Bote, der einen zum Telefon holte und spitzten die Ohren.

Also war das Ziel, alleine und ungestört von einem dieser beiden Apparate zu telefonieren. Die Schwierigkeit war zunächst, herauszufinden, wie man eine freie Leitung bekommen konnte. Es waren alte Bakelit –Telefone und sie funktionierten offensichtlich nicht so wie die, damals modernen, Plastikapparate zu Hause.

Manche Studenten waren ja hin und wieder in den Privatzimmern der Präfekten: Bei Benno war es meist die Einladung in einer kleinen Runde Tee zu trinken, später bei Nik standen eher gemeinsame Gespräche im Vordergrund.

Wir fanden jedenfalls heraus, dass, nach Abheben des Hörers, ein mehrmaliges kurzes Drücken auf die Gabel – wie in den alten Humphrey Bogart Filmen – oft zum Aufbau einer freien Leitung führte.

Jetzt blieb nur mehr die Schwierigkeit, das Privatzimmer unversperrt und leer vorzufinden. Einfaches Klopfen mit fadenscheiniger Ausrede erschien uns nicht zielführend. Also kundschafteten wir die Wege von Benno und Nik aus, sobald einer unserer Gruppe Telefonierbedarf anmeldete. Da es an normalen Tagen ohnehin nur wenig Freizeit für uns Studenten gab, taten sich potentielle Zeitfenster fast ausschließlich am Abend auf. Benno ging in unregelmäßigen Abständen abends in die Messe, die locker für ein, zwei Telefonate ausreichte. Nik hingegen ging doch ab und zu in die Stiftschank und genehmigte sich das eine oder andere Bier.

Da wir immer ein, zwei Späher aufgestellt hatten, wurde verlässlich rechtzeitig gewarnt, sobald der jeweilige Präfekt zurückkam. Zugute kam uns, dass sowohl der Weg von der Messe als auch der von der Stiftsschank gut von Fenstern der Abteilungen sichtbar war, sodass die Warnung immer rechtzeitig erfolgte. Und dass beide Patres nur ganz selten ihre Zimmer vor dem Weggehen versperrten.

***

24.

Josefa

Mein Schulwechsel mit 13 ins Internat brachte einen weiteren Aspekt mit sich, der mir in seiner Tragweite anfangs gar nicht so bewusst war. In Wien begann bereits mein Interesse am weiblichen Geschlecht aufzuflackern. In Kremsmünster war allein schon aufgrund des Fehlens von Mädchen eine diesbezügliche Entwicklung fast nicht aufrechtzuerhalten. Das Stift war, mit Ausnahme von Sigi und ein, zwei ältlichen Küchenhilfen, komplett männlich. Die Schule sowieso.

Dazu kam, dass ich das Gefühl hatte, der einzige zu sein, den dieser Umstand störte. Meine Mitschüler schienen gar nicht auf das andere Geschlecht zu reflektieren, sei es, da sie diesen Entwicklungsschritt vielleicht noch nicht gesetzt hatten oder aber sich der Repression der Patres unterwarfen. Denn: Ein Mädchen ging gar nicht. Weder durfte man sich mit ihnen unterhalten – so man überhaupt eines ansichtig wurde. Geschweige denn, Gott behüte, eine Verabredung haben.

Aber unversucht wollte ich es doch nicht lassen. Besuche unten im Dorf hatten mir im Laufe der Monate schon einen kleinen Überblick verschafft. Natürlich war es nicht so, dass es keine 14–16 jährigen Mädchen gab. Sie hielten sich nur – aus guten Gründen – dem Stift fern.

Mein Interesse fokussierte sich auf eine junge, vielleicht 14–15 jährige Dame, die ich gelegentlich im Dorf sah. Mein Bestreben zunächst war nur, bemerkt zu werden. Als ich dies erreicht hatte und sie offensichtlich nicht gleich angeekelt davonlief, plante ich den nächsten Schritt: Eine gewisse Regelmäßigkeit des Einander-Sehens herzustellen.

Das klang leichter, als es war. Denn als Internatsschüler hatte ich nur selten die Möglichkeit in den Ort runterzugehen. Da sie auch schulpflichtig war, dauerte es ziemlich lang, bis sich ein gemeinsames Zeitfenster ergab, in dem wir uns wie zufällig an derselben Stelle begegneten. Wir hatten bis zu diesem Zeitpunkt noch kein Wort miteinander gewechselt, doch ich glaubte zu erkennen, dass sie auch nicht komplett desinteressiert an unseren Begegnungen war.

Meine vorsichtigen Recherchen während dieser Wochen ergaben, dass sie Josefa hieß und keinen Freund hatte. Immerhin.

Und eines Tages ergab sich eine Chance.

Es war Mai und die Vespern am Abend in der Stiftskirche begannen. Ich hatte damals wie heute nichts mit der Kirche am Hut und daher nicht zwingend das Bedürfnis daran teilzunehmen. Aber aus Opportunität war das schon manchmal der Fall, zumal die Teilnahme von Studenten an egal welcher Messe von den Patres auch sehr gerne gesehen wurde.

Das Erreichen der Stiftskirche erforderte das Queren des gesamten Prälatenhofes, der perfekt von unserer Abteilung einsehbar war. So versprach es zumindest einige Kurzweil, zu beobachten, wer vor 17:00 Uhr in Richtung Stiftskirche ging.

Und plötzlich kam sie. Ich war perplex. Damit hatte ich nicht gerechnet. Wobei es eigentlich naheliegend war, da manchmal der halbe Ort zur Maiandacht schritt. Jetzt brauchte ich einen Plan. Und das schnell. Sollte ich ihr hinterhereilen? Um was zu tun? Sie bloß zu beobachten? Nein, der nächste Schritt war überfällig. Ich musste, wollte und würde Kontakt herstellen. Es zumindest versuchen.

Ich musste einen Zettel schreiben und eine Verabredung vorschlagen. Es musste ein Ort sein, der für beide schnell zu erreichen war. Und frei von neugierigen Blicken.

Und er sollte mir jetzt schnell einfallen. Ich wählte eine kleine Aussichtsplattform hinter der Sternwarte, die durch einen kleinen Sakralbau, mit Zwiebelturm ähnlichen Dach abgedeckt war, die sogenannte ‚Moschee' wie wir Studenten sie nannten. Als Zeitpunkt wählte ich den Beginn der Maiandacht am übernächsten Tag.

Die ‚Moschee'. Ein sakraler, zum Stift gehörender Bau, der direkt über den steil abfallenden Stiftsmauern errichtet wurde und eine kleine Aussichtsplattform auf das Kremstal bietet.

Jetzt musste ich Ihr nur noch den Zettel zukommen lassen. Halber Ort in der Kirche, plus ein Haufen Patres, ließen dies nicht als leichte Übung erscheinen.

Ich eilte über den Prälatenhof und betrat die Kirche. Von außen relativ unscheinbar, strotzt sie innen mit Größe und allerlei barockem Geschnörksel. Wo war Josefa?

Endlich sah ich sie. Sie stand links, mittig, neben dem Seitenschiff. Ich stellte mich hinten hinter die letzte Sitzbank und checkte die Lage. Sie stand ca. 15 Meter links vor mir, einige andere zwischen uns in der gut gefüllten Kirche. Ein paar, im Scheinwerferlicht der Kirche glänzende, Tonsuren der Patres waren ersichtlich. Aber nicht an strategisch für mich bedeutenden Positionen.

Josefa begann sich vorsichtig umzusehen. Dann sah sie mich und ich lächelte ihr zu. Sie wandte den Kopf wieder ab und ließ mich in meiner Unsicherheit allein. Würde sie nahe genug an mir vorbeigehen? Würde sie den klein zusammengefalteten Zettel erkennen und auch nehmen?

Die Vesper näherte sich dem Ende und die Leute begannen sich in Richtung Ausgang in Bewegung zu setzen.

Stiftskirche, seit dem 17. Jhdt im üppigen Barockstil

Auch Josefa ging los. Sie ging direkt auf mich zu. Ich fixierte sie. Sie sah' mich nicht an. Als sie auf meiner Höhe war, griff ich kurz nach ihrer Hand. Wie selbstverständlich nahm' sie den Zettel an sich und ging ohne stehenzubleiben weiter.

Es war geschafft. Der technische Teil zumindest. Ich war euphorisch. Nach vielen Wochen endlich der erste wirkliche Kontakt. Und dann sofort die Zweifel. Wird sie kommen? Habe ich das auch nett genug formuliert? Das würden zwei lange Tage werden.

Der übernächste Tag. Ich war ziemlich aufgeregt. Der Weg zum Treffpunkt war ca. 10 Minuten. Ich kam pünktlich zur Moschee. Und wartete. Nichts geschah. Es vergingen 15 Minuten, eine halbe Stunde. Nichts. Sie kam nicht. Hatte ich den richtigen Zeitpunkt aufgeschrieben, war es leserlich? Das waren meine Gedanken. Ich war enttäuscht. Hatte ich mich so geirrt in dieser Angelegenheit?

Ich machte mich am Weg zurück. Einer Eingebung folgend schwenkte ich noch kurz in die Kirche, wo sich die Maiandacht wieder ihrem Ende neigte. Aber ich sah' sie auch nicht in der Kirche. Frustriert ging ich zurück in meine Abteilung.

Am nächsten Tag wollte ich unserer Verabredung noch eine letzte Chance geben. Ich schlenderte wieder zum Treffpunkt, eigentlich mehr nach dem Motto: Ich hab's versucht. Als ich um die Mauer bog, sah' ich sie.

Was hatte ich für Überlegungen angestellt, womit ich ein Gespräch beginnen könnte. Was ich als erstes sagen sollte. Und jetzt kam sie auf mich zu, lächelte und sagte, dass es ihr leid' tue, dass sie nicht am Vortag kommen konnte, da sie Hausarrest bekommen hatte.

Es war der, mir unvergessliche, Beginn einer zärtlichen Freundschaft.

Wir fanden unterhalb der Aussicht eine verschwiegene Stelle an der wir ein kleines Versteck ausfindig gemacht hatten. Dort hinterließen wir uns in weiterer Folge Nachrichten für etwaige Treffen, später dann richtige Briefe. Als ich das

Stift Kremsmünster dann später verließ, kam ich mir ziemlich männlich vor, als ich diesen ganzen Liebesbriefhaufen noch vor meiner Abfahrt verbrannte. Wie dumm war ich.

***

25.

Philippinen

Als Schüler im Stiftsgymnasium hatte ich, die Noten betreffend immer ‚Luft nach oben'. Ich war zwar nicht der Schlechteste, allerdings tat ich nie mehr, als erforderlich war. Genügend genügte. Diese Einstellung war bei den Professoren und Patres selbstverständlich nicht gerne gesehen, da sie es als implizite Geringschätzung ihres Gegenstands, allenfalls sogar ihrer Person, erachteten.

In Altgriechisch, Latein und Mathematik war es ein ständiger Kampf um eine positive Note. Dazu kamen Gegenstände, die ich eigentlich mochte und auch interessant fand, die allerdings von Professoren unterrichtet wurden, die mir so gar nicht lagen – und vice versa.

Ein Beispiel dafür war Biologie. In der 5. Klasse beschäftigten wir uns viel mit Pflanzenkunde und nicht einmal besuchten wir in der Biologiestunde den Garten vor der Sternwarte und bestimmten dort die Gewächse nach Gattung und Familienzugehörigkeit. So interessant und aufschlussreich diese Exkursionen waren, Prof. Weigerstorfer und ich kamen auf keinen grünen Zweig.

Er war eher klein, um die 35, immer unter Strom und sehr umtriebig. Auch leitete er eine Sektion der örtlichen Naturfreunde, die regelmäßig Ausflüge zu sehenswerten Frosch-, Lurch- und anderen Plätzen organisierte. Dementsprechend gab' es immer eine Anzahl von Schülern und Studenten, die um ihn herumschwirrten, sobald sie seiner ansichtig wurden.

Zu diesen gehörte ich nicht. Pflanzen und Getier waren durchaus nicht uninteressant, jedenfalls im Vergleich zu Griechisch-Vokabeln. Allerdings wäre ich damals nie auf die Idee gekommen, in meiner Freizeit mit Gummistiefeln irgendein kleines Bächlein nach seinem Tierbestand zu erkunden. In einer Gruppe mit Interessierten, die den Verdacht des Einschleimens beim Bio-Professor zwecks Erhalts einer guten Note nie ganz loswurden.

So war ich immer etwas abseits vom Geschehen, was Prof. Weigerstorfer als Desinteresse interpretierte. Das störte mich nicht, solange es keine unangenehmen Folgen nach sich zog. Aber das sollte es.

Zu Beginn des Schuljahres wurden wir informiert, dass es die Möglichkeit eines Auslandssemesters in einer Schule der USA geben würde. Allfällige Interessenten müssten eine diesbezügliche Erklärung des Elternhauses beibringen und würden dann anhand ihrer Schulnoten im Semesterzeugnis gereiht.

Natürlich war ich interessiert. Allerdings wusste ich, dass, gemessen an den Auswahlkriterien, jeder weitere Interessent eine ernsthafte Konkurrenz sein würde.

Die Zustimmung meiner Mutter war gar kein Problem. Als Reisebüroangestellte war sie einem Auslandsaufenthalt gegenüber generell sehr aufgeschlossen.

Nach den ersten Schulwochen stellte sich schnell heraus, dass es neben mir nur einen anderen Anwärter auf dieses Auslandssemester gab. Martin W. war ein ruhiger Mitschüler aus der Parallelklasse und er war, was die Noten anbelangte, bei einiger Anstrengung meinerseits in Reichweite.

Dies bedeutete, dass ich versuchte, konträr zu meiner bisherigen Einstellung, meinen Notenschnitt zu heben. In Griechisch und Latein gelang es mir, statt zwischen ‚Nichtgenügend' und ‚Genügend' plötzlich zwischen ‚Genügend' und ‚Befriedigend' zu pendeln, eine bis dato komplett neue Erfahrung.

In ‚Geschichte', bei dem kauzigen und nuschelnden Pater Benedikt, konnte ich sogar einen Höhenflug starten. Pt. Benedikt, ein eigentümlicher aber unscheinbarer Pater um die 50, war nicht besonders groß und hatte sein Haar streng zurückgekämmt. Er hatte seine beiden Hände fast immer in den Tiefen seines Talars versteckt und sprach überaus undeutlich. Bei Prüfungen war es ihm sehr wichtig, dass wir die historischen Zusammenhänge verstanden, weswegen er oft mit der Frage nach der Ursache für ein historisches Ereignis begann.

In acht von zehn Fällen dozierte er nach der jeweiligen Antwort, dass der Student ‚Ursache' und ‚Wirkung' verwechselt hätte. Es war nicht wirklich einfach für mich, bei ihm eine gute Note zu bekommen, aber für das in Aussicht genommene Auslandssemester konnte ich mich sogar auf ein ‚Gut' steigern.

In ‚Musik' hatten wir noch Fig, unseren gefürchteten Konviktsdirektor. Bei ihm war es ein vollkommenes Lotteriespiel, was die Noten betraf. Mal hatte er Migräne und machte uns die Unterrichtsstunde zu einer, die Sekunden und Minuten zählenden, hora horribili. Das andere Mal, überschwänglich gut gelaunt, versuchte er euphorisch uns die Genialität von Mozarts Kompositionen näherzubringen, indem er etliche Schallplatten vorspielte und erläuterte.

Ich war bei ‚Fig' meistens ein Opfer der, nicht vorhandenen, Gewaltentrennung. Es verging fast keine Woche, in der er nicht auf irgendein präsumtives Fehlverhalten meinerseits im Konvikt zu sprechen kam. Und wenn es ihm nur gerüchteweise zu Ohren gekommen war.

Das machte zwar die Planbarkeit einer guten Note zunichte, andererseits galt dies für fast alle anderen Studenten ebenso und lief damit auf eine nivellierende Ungerechtigkeit hinaus.

In ‚Religion' war es anders und doch gleich. Pater Christian, ein großer, kräftiger Mann, vielleicht Anfang 40, mit unüberhörbarem Tiroler Idiom, liebte es, zu diskutieren. Er vertrat die Einstellung, dass in ‚Religion' alles außer einem ‚Sehr gut' für einen Schüler des Stifts Kremsmünster unangebracht sei. Und er war recht großzügig bei der Notenvergabe.

Nichts zu holen gab es für mich in ‚Mathematik'. Prof. Heinisch war ein, in sich ruhender, großer schlanker Mann in seinen 40ern. Trocken im Vortrag, ziemlich humorbefreit. Mit bescheidenem Mathe-Talent gesegnet, versuchte ich, eine Trendwende in Richtung ‚Befriedigend' zu schaffen. Es gelang mir nicht.

In ‚Bildnerische Erziehung' hatten wir witzigerweise den jüngeren Bruder unseres ‚Geschichte' Professors, Pt. Benedikt, Prof. Pitschmann. Er, ein Ziviler, war ein fahriger, hagerer Mann um die 40, mit großem Wissen über Kunst und Architektur.

Die Note setzte sich bei ihm zur Hälfte aus Kunstgeschichte und dem tatsächlichen Zeichnen zusammen. Das mathematische Mittel war dann die Zeugnisnote. Ohne Chance durch Betteln oder Schleimen noch etwas zu erreichen. Mit Prof. Pitschmann kam ich gut zurecht und der Unterricht war sehr abwechslungsreich. Hier hatte ich meistens ein ‚Gut' oder ein ‚Sehr gut'.

Blieb ‚Turnen' bzw. ‚Leibesübungen', wie es damals in Kremsmünster hieß. In diesem Gegenstand hatte ich fast immer meine Eins.

So tat ich im Herbst mein Bestes für das bevorstehende Semester Zeugnis. Leider reichte es nicht. Noch im Spätherbst wurde mir mitgeteilt, dass ich aus dem Rennen um das Auslandssemester sei.

Ich weiß noch, dass ich irgendwie gar nicht so enttäuscht war. Wahrscheinlich hatte ich nicht wirklich damit gerechnet.

Aber es eröffnete sich eine andere Chance.

Meiner Mutter gelang es, als damalige Angestellte eines Reisebüros, günstige Flugtickets für die gesamte Familie zu den Philippinen zu bekommen. Geplant war ein Aufenthalt über Weihnachten und Neujahr. Allerdings lag der Abflugtermin noch zwei Tage vor dem Weihnachtsferienbeginn. Somit bedurfte es für mein Mitkommen sowohl der Zustimmung des Konvikts als auch der Schule.

Dies war eine absolute Ausnahmesituation. Es gab keinerlei Procedere wie und in welcher Form das Einverständnis einzuholen war. Im Gegensatz zu heute hatte sich in den frühen 1980ern so eine Situation im Stift Kremsmünster noch nicht ergeben.

Ich ging zuerst zu Fig. Als mächtiger Konviktsdirektor hatte sein Wort Gewicht. Offensichtlich überraschte ich ihn mit der Frage nach einem zweitägigen Dispens vom Internat, denn seine Antwort lautete sinngemäß, dass er seine Zustimmung nicht verweigern würde, wenn die Schule einer Freistellung zustimmen würde.

Daher führte mich mein nächster Weg zu Pater Jakob, als Pater Prior der Direktor der Schule. Obwohl er im Laufe der Zeit ein, von mir durchaus strapaziertes, Nervenkostüm hatte, bedachte er mich mit einer kurzen pragmatischen Antwort: Ich hätte in jedem Gegenstand, in dem ich zurzeit auf einem ‚Nicht genügend' stand, eine positive Prüfung abzulegen.

Dank meiner Bemühungen im laufenden Semester waren es nur zwei Fächer: Mathematik und Biologie.

Ich dachte, Mathematik wäre wohl der Knackpunkt und ging zu Prof. Heinisch. Als ich ihm den Sachverhalt erklärte, meinte er mit einem gewissen Phlegma, er wolle mir hierbei nicht im Weg stehen. Für ihn erübrige sich so eine Prüfung und er würde ein positives Prüfergebnis an Pt. Prior weitergeben.

Ich war überrascht. Damit hatte ich nicht gerechnet. Das Verhalten all dieser drei Protagonisten hatte ich nicht so eingeschätzt.

Blieb noch Biologie. Prof. Weigerstorfer würde mir es wohl doch nicht verhageln. Ich traf ihn vor dem Lehrerzimmer – wie immer von einer Traube seiner Jünger umgeben. Nach einer kurzen Erklärung meinerseits erwiderte er, dass wir diese Prüfung ja genauso gleich jetzt machen könnten. Die Studenten lachten auf und bevor ich noch etwas erwidern konnte, bekam ich meine erste Frage.

Aus wieviel Buchstaben besteht das Wort „Fotosynthese"?

Ich war verwirrt, zählte kurz nach und antwortete ‚zwölf'. Das wäre falsch, die richtige Antwort wäre dreizehn gewesen und somit hätte ich auf die erste Frage ein ‚Nicht genügend'.

Ich fand das gar nicht lustig, zählte nach, kam ins Schwitzen und überhörte dann fast die zweite Frage, die sich um den Aufbau irgendeiner Zelle drehte.

Was dann folgte, waren ziemlich unangenehme fünf Minuten, in denen ich versuchte, die Frage korrekt zu beantworten, während die anderen Studenten noch über mein strittiges Versagen bei Frage eins lachten. Auch hatte ich den Eindruck, dass Prof. Weigerstorfer es genoss, mich schwitzen zu sehen.

Aber schlussendlich erklärte er meine Leistung für ausreichend. Ich war fertig, aber ich hatte es geschafft. Am 18.12. rüstete ich zwei Tage vor Ferienbeginn ab und fuhr nach Wien.

Es war mein erster Urlaub in der Südsee.

***

26.

Pater Jakob

Pt. Jakob war der Direktor der Schule – außerdem trug er den Titel „Prior". So war er anzusprechen: Pater Prior. Er war ein kleiner, sehr kräftiger Mann, zwar noch keine fünfzig, für mich in meiner Erinnerung aber doch ein alter Mann. Streng nach hinten gekämmtes kurzes, borstiges Haar, keine Tonsur, goldene Brille und oft ein verschmitztes Grinsen im Gesicht. Außerdem hatte er die Angewohnheit, immer äußerst schnell zu gehen, um nicht zu sagen, zu laufen. Das war insbesondere deswegen beachtlich, da er in der Schule fast immer mit Clogs, einer Art massiven Holzschlapfen, unterwegs war. Wobei wir das eigentlich auf den Steinböden der Schule nur hörten, da sie immer vom wallenden Talar verdeckt waren.

Insgesamt gab er ein, doch eher skurriles, Bild ab: kleiner, kräftiger Mann, der im Talar durch die Schulgänge fegte.

Neben der Leitung der Schule unterrichtete er Geographie, aber nur mit eingeschränkter Stundenverpflichtung. Sein großes Hobby war die Sternwarte, eines der ersten Hochhäuser Europas, damals bereits ein naturwissenschaftliches Observatorium.

Zu meiner Zeit bekamen wir Pt. Prior relativ selten zu Gesicht. Wenn man nicht etwas ausgefressen hatte, sah man ihn nur gelegentlich über Gang und Stufen hetzen oder aber in einer Supplierstunde.

Die erste nachhaltige Begegnung mit Pt. Prior hatte ich, als ich den gutmütigen Pt. Konrad, meinen Deutschlehrer, überforderte und zum Ausrasten brachte. Ich musste sofort ins Direktionszimmer.

Schule, Stiegenhaus

Unsere Klasse befand sich im Hochparterre, die Direktion im ersten Stock. Während einer Schulstunde im Stiegenhaus unterwegs zu sein war nicht gestattet. Das bedeutete, jeder Professor oder Pater, der einen Schüler sah, verlangte umgehend Rechenschaft.

Für mich bedeutete das damals konkret, dass ich bereits zweimal Erklärungsbedarf hatte, bevor ich das Büro des Direktors überhaupt erreichte.

Das Sekretariat, das dem opulenten Büro vorgelagert war, hieß mich draußen zu warten.

Insgesamt war das gesamte Procedere darauf ausgerichtet, den Delinquenten einzuschüchtern. Was zumindest zum Teil jedenfalls auch gelang. Mir ist der Weg, das Rechtfertigen im Stiegenhaus inklusive demütigendem Warten vor dem Büro weitaus nachhaltiger in Erinnerung, als die anschließende Predigt.

Als mich Pater Prior reinholen ließ, setzte er sein finsteres Gesicht auf und befahl mir, den Grund meines Besuchs zu erläutern. Ich bekam, zu Recht, einiges von ihm zu hören. Schlimmer jedoch war, dass sich mein Fehlverhalten selbstverständlich auf mein Internatsleben im Konvikt auswirkte: Ausgehverbot und Studierverpflichtung während der Freizeit der anderen.

Dies war das Anstrengendste am System: Egal wo man etwas verbockt hatte, die Auswirkungen waren stets vollumfassend – man kam ihm nicht aus.

Ich habe Pt. Prior noch im Zusammenhang mit einer weiteren absurden Szene in Erinnerung:

Nach Ende der Pause, die mit einer lauten Glocke signalisiert wurde, mussten die Studenten in ihre jeweiligen Klassenzimmer zurückkehren. Eines Tages kam es in unserer Klasse wieder mal zu einer Rauferei, wobei die Kontrahenten so miteinander beschäftigt waren, dass sie die mahnenden Rufe des, plötzlich aufgetauchten, Pt. Prior gar nicht erreichten. Während wir andere Studenten versuchten, räumliche Distanz zu gewinnen, tat Pt. Jakob etwas, womit keiner von uns gerechnet hatte. Er feuerte mit dem Fuß einen seiner Clogs auf die beiden ab, verfehlte sie – dem Himmel sei Dank – knapp und schoss ein großes Fenster ein.

Als dieses lautstark zerbarst und die Splitter zu Boden regneten, war der Kampf in der Sekunde vorbei. Wir wussten nicht, wohin sich unsere Blicke richten sollten. Auf das zerbrochene Fenster, die beiden völlig verschwitzten und verwirrten Streithähne oder auf das hochrote, vor Zorn bebende Gesicht Pt. Prior's.

Leider ist mir nicht mehr im Gedächtnis, ob er dann bloß mit einem Clog von dannen zog.

Pt. Prior hat diesen Ausrutscher sicher bereut, zumal er ein Mann der Wissenschaft war. Ich weiß nicht, wie viele Stunden wir mit ihm in der sechsstöckigen Sternwarte verbrachten, wo er uns mit unglaublichem Detailwissen die, über Jahrhunderte angesammelten, naturwissenschaftlichen, Ausstellungsstücke näherbrachte.

***

27.

Schlüssel

Das Internatsleben war eine ziemliche Gewohnheitssache. In der ersten Zeit nach Schulbeginn empfand ich es anstrengender und einengender als dann im Spätherbst. Routinen und standardisierte Abläufe hatten sich dann bereits eingespielt und die meisten von uns kamen mit der Situation besser zurecht.

Selbstverständlich hatten die älteren Studenten etwas mehr Freiheiten als die jungen Schüler, der Alltag war jedoch geprägt von Disziplin und Gebet.

Dennoch wollten sich manch ältere Studenten nicht mit allen rigorosen Einschnitten abfinden. Viele der 6.-8. Klassler waren in der Abteilung 6, bei Pt. Nikolaus untergebracht. Die Räumlichkeiten der Abteilung lagen gleich nach der Brücke im 1. Stock, rechts vorne vor dem Prälatenhof. Den Stufenaufgang trennte eine schwere, eisenbeschlagene Tür, die ab 21:00 Uhr regelmäßig versperrt war.

Damit war einem nächtlichen Ausschwärmen von Studenten im Wortsinn ein Riegel vorgeschoben. Selbstverständlich gab es noch andere Möglichkeiten das Konvikt zu verlassen, aber sie alle einte ein größeres Gefährdungspotential: Entweder am Waschsaal vorbei, über Stufen und lange Gänge zu einer anderen Eingangstür – nur um vielleicht festzustellen, dass diese ebenso verschlossen ist. Dabei jedoch Gefahr zu laufen, von Fig oder einem anderen Pater außerhalb der eigenen Abteilung erwischt zu werden.

Oder aber – und dies wurde auch ernsthaft erwogen – mit zusammengeknoteten Leintüchern sich bei einem unvergitterten Fenster in den trockenen Teil des Wassergrabens abzuseilen. Hier war das Problem die Außenbeleuchtung der Stiftsmauern. Damit war eine allfällige Abseilaktion von allen Fenstern des vis-a-vis liegenden Pfarrheims einsehbar. Von den Schwierigkeiten bei einer Rückkehr gar nicht zu reden.

Außenansicht der Konviktsabteilungen 5 und 6 mit teilweise vergitterten Fenstern zum nicht bewässerten Teil des Wassergrabens.

Also musste ein anderer Plan her.

Wir Studenten wussten um die Möglichkeit, bei Nik' Tee zu trinken. Ab und zu sahen wir auch seine Schlüssel rumliegen. Martin H. hatte dann die Idee mit dem weichen Wachs in einer Art Blechbox – perfekt um einen Schlüsselabdruck herzustellen und sicher zu verwahren.

Es war nur eine Frage von Zeit, bis der richtige Schlüssel individualisiert war und ein Abdruck gemacht werden konnte.

Als 6. Klassler war ich bei dieser Aktion der Großen damals nicht dabei. Überhaupt habe ich erst nachher von dieser Sache erfahren, nachdem sie aufgeflogen war.

Es waren vier, fünf 7. und 8. Klassler daran beteiligt. Mit dem Wachsabdruck wurde ein Schlüssel hergestellt, der, nach mehrmaligem Nachschleifen, auch gut funktionierte.

Man wartete die Nachtruhe ab und verließ dann das Stift. Es ist mir nicht mehr in Erinnerung, wie lange es gut ging, aber schlussendlich flog einer auf. Und er redete. Die Gerüchte besagten, dass er sich damit ein Bleiberecht sichern konnte und zur Matura antreten durfte. Ein paar andere verließen Schule und Internat binnen weniger Tage ohne, dass irgendetwas verlautbart wurde.

Wenn mir Martin H. nicht die Blechbüchse mit Wachs und Schlüsselabdruck gezeigt hätte, so wären mir die fadenscheinigen Begründungen für den Abgang einiger Studenten wahrscheinlich gar nicht aufgefallen.

***

28.

Stiftsschank

Im ersten Hof befand sich der Eingang zur Stiftsschank. Entgegen ihrer diminutiven Bezeichnung war es ein großes Restaurant mit ausgezeichneter Küche. Oft und gerne gebucht für jeden Anlass, seien es Hochzeiten, Taufen oder Firmungen. Aber auch die Patres, die maßgeblichen Anteil daran zu haben schienen, dass ein ordentlicher Pächter das Lokal betrieb, kehrten zahlreich und oftmals hier ein.

Als Schüler respektive Student war es von den Patres gar nicht gern gesehen, wenn man die Stiftsschank betrat. Ausnahmsweise wurde es manchmal gestattet, sich um 10.– Schilling eine ordentliche Portion knuspriger Pommes Frites mit Ketchup zu holen; die hatte man aber an der Budel zum Mitnehmen zu bestellen, ein Setzen zu Tisch war ohne begleitenden Erwachsenen nicht gestattet. Wobei klarzustellen ist: Am Pächter oder am Personal der Stiftsschank lag es nicht – wir wurden ausnahmslos mit allem bedient, was wir wollten. Allein der interne Druck der Patres hielt uns überwiegend davon ab, hier einzukehren. Und, da das Lokal von außen nicht wirklich einsichtig war, wusste man nicht, wer vielleicht schon drinnen saß, wenn man einen Restaurantbesuch riskieren wollte.

Das und auch die Konviktsausspeisung mag zur Erklärung dienen, warum eine Esseneinladung, z.B. nach Erstellung der Jahresabrechnung, einen hohen Stellenwert bei uns genoss.

Im Juni 1982 befand ich mich in einer besonderen Konstellation. Einerseits war das Schuljahr so gut wie vorbei. Schul- und Betragensnoten standen bereits unverrückbar fest. Andererseits startete im Juni die Fußballweltmeisterschaft in Spanien. Abgesehen davon, begann ich mich innerlich von Stift, Schule und Provinz abzukoppeln. Drei Jahre waren genug. Damit einhergehend entstand eine doch größere Risikobereitschaft beim Verstoß gegen klerikale Gebote.

Nun waren die Patres überwiegend völlig desinteressiert bzgl. Sport im Allgemeinen und Fußball-WM im Besonderen. Die Tatsache, dass Österreich qualifiziert war und das Schuljahr sich sehr dem Ende neigte, ließ sie jedoch Milde walten. Die Österreichspiele durften gesehen werden, ab der 7. Klasse durfte man auch Matches sehen, die erst um 20:00 Uhr begannen.

Die WM dümpelte dahin, zuerst das Skandalspiel von Gijon, dann das Ausscheiden Österreichs, während Deutschland mit Dusel weiterkam. Und plötzlich stand fest: Ein Semifinale dieser WM lautete Frankreich versus Deutschland. Ein Kracher.

Ich kann mich noch genau erinnern. Es wurde für den Abend vor unserer Zeugnisverteilung angesetzt: Donnerstag, 8. Juli, 1982 in Sevilla; und das Wichtigste: es wurde live übertragen.

Eines war klar. Ich musste es sehen. Aber wo?

Ich bekam mit, dass einige 7. und 8. Klassler versuchten, bei Nik eine Sondergenehmigung für die Übertragung im Fernsehsaal der Stiftsschank zu erreichen. Selbstverständlich wurde es mit allen, zur Verfügung stehenden, Mitteln probiert. Es fragten zuerst nur die Vorzugsschüler unter Verweis auf den letzten Abend im Internat an. Argumentiert wurde auch, dass man dieses Jahr auf das, in der letzten Nacht traditionelle mitternächtliche, Herumgespenstern verzichten wolle, das insbesondere den, im Konvikt als Präfekten tätigen, Patres jedes Jahr den letzten Nerv' zog.

Schließlich gab Nik nach. Einer ausgesuchten Gruppe der 7. und 8. Klasse wurde es gestattet. Keinem aus der 6. Klasse, wie mir, schon gar nicht einem darunter. Automatisch verbunden mit dieser Genehmigung waren immer das Senioritätsprinzip und die Hierarchie im Stift. Sollte heißen: Sobald ein jüngerer Student von den Älteren geduldet wurde, verloren alle die jeweilige Vergünstigung.

Ich hatte also die Wahl. Entweder sich im Stift wieder irgendwo einen Fernseher suchen und hoffen, dass man bei keiner Patrouille aufflog. In der letzten Nacht schien mir das nicht ratsam, da aufgrund des kindischen Brauchs ‚herumzugespenstern' die Präfekten öfters ihre Runden drehten.

Oder aber in die Stiftsschank.

Ausschlaggebend war, dass ich eine Stimmung bei dem Match haben wollte. Also schlich ich um 20:00 Uhr gleich nach dem Abendgebet raus. Der Eingang zum, im 1. Stock befindlichen, Fernsehraum befand sich für Gäste abseits vom Eingang zur Stiftsschank, in einem Durchgang zu einem Seitenhof. Das war perfekt, da es das Risiko, in der Schank gesehen zu werden, ausschloss.

Als ich den Saal erreichte, saßen auf einer, zur Verfügung stehenden, Bestuhlung sicher dreißig, vierzig Leute, den Blick auf einen alten TV Kasten gerichtet, in dem das Match schon lief. Sogar in Farbe, wie ich mich damals freute, da das dort noch nicht immer Standard war.

Ich stellte mich zu den anderen, die keinen Sitzplatz mehr bekommen hatten und behielt immer den Eingang im Blickwinkel. Noch war kein Pater zu sehen, aber das konnte sich ja ändern.

Das Match war echt ein Wahnsinn und steigerte sich auch noch nach der brutalen Attacke des deutschen Torhüters an einem stürmenden Franzosen.

Das Beste an der Location war aber natürlich, dass Getränke serviert wurden.

Als ich den wallenden Talar eines Paters, Nik, auf die Eingangstür zukommen sah, ging ich sofort auf die Knie und rutschte zu einem 7.Klassler zwischen erster und zweiter Sitzreihe. Der war zwar überrascht, machte aber keinerlei Anstalten, mich zu melden. Ganz im Gegenteil, bei der nächsten Bestellung orderte er ein Bier für mich mit.

Sowohl das Match, das erst nach der Verlängerung im Elfmeterschießen entschieden wurde, als auch die Umstände, unter denen ich es sehen konnte, haben sich nachhaltig in mein Gedächtnis gegraben.

Irgendwann war Nik zwischendurch wieder gegangen. Dennoch blieb ich in meiner kauernden Position, die mir doch einigermaßen Schutz gewährte, wie ich glaubte. Nach Ende der Übertragung gelangten wir relativ komplikationslos zurück ins Konvikt und in unsere Betten.

Dass Nik mich am nächsten Morgen auf mein nächtliches, leeres Bett ansprach nahm ich als Wink mit dem Zaunpfahl, dass ich vielleicht doch nicht so unentdeckt geblieben war.

***

29.

Karriereende

Gegen Ende des Schuljahres 1981/82, 6. Schulstufe, war die Perspektive, ein weiteres Schuljahr in der Provinz verbringen zu müssen, eine mich sehr belastende. Mittlerweile 16 Jahre alt, mit Schulsystem, Hierarchie und Patres nicht wirklich zurechtkommend, begann sich ein Plan zu manifestieren, wie ich meine Rückkehr nach Wien bewerkstelligen könnte.

Ein Wechsel in eine 7. Klasse in Wien war für meine Mutter undenkbar. Nur, weil der Sohn wieder zurück nach Wien wollte? Das war nicht im Entferntesten ein Argument. Dass ich Probleme mit Schule und Konvikt hatte, tja, das lag wohl an mir. Ich müsste mir ja das Leben nicht immer selbst so schwermachen.

Daher wählte ich einen etwas radikaleren Weg. Ich beschloss, in Altgriechisch durchzufallen. Da in Kremsmünster der Grundsatz galt, dass das Wiederholen eines Schuljahres prinzipiell ausgeschlossen sei, hielt ich das für einen guten Plan. Zumal mir, wie ich annahm, ein „Fleck“[4] in Altgriechisch noch die Möglichkeit bot, in Wien in die 7. Klasse eines neusprachlichen Gymnasiums zu wechseln.

Die letzten Wochen und Monate waren dann im Unterrichtsfach Griechisch relativ spannungsfrei. An den Tag gelegtes Desinteresse meinerseits machten es Pt. Leonhard ziemlich einfach, mich mit ‚Nicht Genügend‘ zu beurteilen.

4 Fleck: umgangssprachlich für „Nicht Genügend“ – eine Note, die prinzipiell nicht zum Aufsteigen in die nächsthöhere Schulstufe berechtigt.

Allerdings machte ich einen Fehler. Ich vergaß, mich rechtzeitig und ausreichend um Mathematik zu kümmern, sodass ich auch in diesem Gegenstand mit einem ‚Blauen Brief' gesegnet war.

Meine Mutter war nicht erfreut. So gar nicht. Aber sie konnte in der Situation wenig tun. So ging das Schuljahr zu Ende und ich war mir sicher, dass dieses mein letztes gewesen war. Die letzten Wochen des Schuljahres war ich wie befreit. Meine Entscheidung war getroffen. Und meine Mutter in Wien würde sich schon beruhigen.

Zweiter Fehler.

Am Tag der Zeugnisverteilung hatten wir Internatsschüler bereits all unser Hab' und Gut gepackt und warteten auf unsere Abholung. Meine Mutter brachte mir zur Kenntnis, dass ich von ihrem neuen Freund abgeholt werden würde, ein sehr netter Mann namens ‚Jo'. Er wäre ein junger cooler Typ und wir hätten dann während der Fahrt Zeit uns kennenzulernen.

Das klang interessant. Ich öffnete das Fenster des Waschraums der 6. Abteilung und setze mich in den Fensterrahmen – was mir einen perfekten Überblick über den ganzen 1. Hof bot. Es herrschte schon ein ziemlicher Betrieb, Eltern kamen, suchten einen günstigen Parkplatz um das Gepäck ihres Kindes einfach einladen zu können. Es gab Umarmungen, Tränen bei manch Jüngerem, Verabschiedungen und insgesamt ein großes Kommen und Gehen.

Ich kann mich noch sehr gut an den damaligen Tag erinnern. Ich war, wie die vorangegangenen Wochen auch schon, super aufgelegt. Das Gewusel unter meinem Fenster hatte fast eine kontemplative Wirkung auf mich.

Außerdem war ich sehr neugierig. Wer würde da jetzt kommen um mich abzuholen? Was ist jung und cool aus Sicht meiner Mutter?

Also saß ich und wartete. Die meisten ankommenden Fahrzeuge wurden schon von Schülern erwartet, die Zuordnung verlief rasch und unspektakulär.

Dann fuhr ein alter beiger Käfer in den Hof. Den hatte ich noch nie gesehen. Wiener Kennzeichen. Mir schwante etwas. Ein junger kräftiger Mann mit langen Haaren stieg aus und blickte sich suchend um. Bekleidet mit einer großen Strickjacke mit spitzer Kapuze, wie sie bei Hippies in den 70ern en vogue gewesen sein mussten, wirkte er vollkommen deplatziert.

Ich verließ meinen Aussichtsposten und machte mich auf den Weg. Als ich am Parkplatz ankam und auf ihn zusteuerte fing er an breit zu grinsen. „Von hier willst du weg?" begann er ganz unkonventionell das Gespräch „versteh' ich überhaupt nicht!" schickte er sarkastisch lächelnd hinterher.

Ich war begeistert. So jemand sympathischer, netter sollte der neue Freund meiner Mutter sein?

Wir verstanden uns auf Anhieb. Er fragte, ob wir noch Zeit auf ein Bier hätten und deutete auf die Stiftsschank.

Dafür war immer Zeit. Also lernten wir uns bei einem Bier kennen, bevor wir mein ganzes Internatszeugs in den Käfer stopften, sodass wir voll beladen die Heimreise nach Wien antreten konnten.

Selbstverständlich kam das dicke Ende noch.

Der Empfang in Wien war freudig, vor allem, da meine Mutter sah', dass ich mich mit Jo sehr gut verstand. Allerdings wurde ich gleich ein paar Tage später in ihre Pläne eingeweiht. Mir wurden zunächst 2 Wochen Ferien gewährt. Dann jedoch würde ich drei Wochen mehrstündige Mathematik Nachhilfe pro Tag bekommen, jeweils vormittags und nachmittags. Und um sicherzugehen, dass dies auch funktionierte, sollte ich gleich bei meinem Mathe-Nachhilfelehrer, einem Junggesellen Mitte dreißig einziehen. Das wäre bereits vereinbart.

Die letzten drei Wochen vor den beiden Nachzipf-prüfungen würde ich bereits wieder im Konvikt in Kremsmünster wohnen und dort, vorort, Nachhilfe beim ehemaligen Lieblingsstudenten von Pt. Leonhard beziehen. Das sei auch mit dem Konviktsdirektor Pt. Alfons bereits akkordiert. Selbstverständlich hätte ich zwischendurch Mathematik-Beispiele zu lösen, die per Post kämen und sicherstellten, dass ich den, bereits gelernten, Stoff zwischenzeitlich nicht vergaß.

Ich war platt.

Viele Gedanken schossen mir durch den Kopf. Konnte ich mich weigern? Da wurde mir angekündigt, dass ich mir gleich eine Lehre suchen könne. Aber drei Wochen als einziger Student im Konvikt? Mir schauderte bei dem Gedanken.

Und überhaupt: Nur zwei Wochen Sommerferien?

Ich beschloss auf Zeit zu spielen. Schon allein weil mir nichts einfiel. Ich hatte sie schwer unterschätzt.

Die zwei Wochen waren rasch vorbei. Meine Mutter machte mich mit dem Mathe-Nachhilfelehrer bekannt. Der war gar nicht mal unsympathisch. Er wohnte in einer ziemlich geräumigen Dachgeschoßwohnung über der Fahnenfabrik, Am Hof in Wien 1. Und er machte seine Sache gut. Teilweise konnte er mir wirklich auch Spaß an dem Gegenstand vermitteln. Ein komplett neues Gefühl in Bezug auf Mathematik.

So vergingen die Tage. Abends gingen wir oft noch auf ein, zwei Bier – zum Runterkommen nach sechs, sieben Stunden lernen. Gerne kehrten wir damals bei der „Jazz-Gitti" ein, ein uriges Lokal an der Seilerstätte, wo meine Mutter jahrelang einen Zweitjob als Nachtkellnerin hatte.

Dann kam der Tag, an dem mein Einchecken in Kremsmünster bevorstand. Meine Mutter ließ es sich nicht nehmen, mich höchstpersönlich hinzubringen. Antrittsbesuche bei Pt. Alfons, Pt. Leonhard und dem Studenten inklusive. Ein Bett in der Nähe von Pt. Alfons Räumlichkeiten wurde bezogen, ein Spind befüllt und das wars. Mutter ließ mich mit mahnenden Worten zurück.

Es war eine etwas groteske Situation. Allein in einem riesigen Schlafsaal, ebenso im sehr großen Studiersaal, ausgerüstet mit eigentlich genügend Bargeld um mich selbst mit Essen und Trinken zu versorgen.

Am nächsten Tag hatte ich meine erste Nachhilfestunde in ‚Altgriechisch'. Mein Nachhilfelehrer, ein ehemaliger Schüler, wohnte etwas außerhalb des Stifts auf einer Anhöhe – eine halbe Stunde zu Fuß vom Stift entfernt.

An meiner Einstellung hatte sich nichts geändert. Ich wollte kein weiteres Jahr hier zur Schule gehen. Erst recht nicht, wo ich jetzt bereits drei Wochen vor Schulbeginn schon wieder hier war.

In meinen kurzen Sommerferien hatte ich mir in Wien ein sogenanntes „Flinserl" stechen lassen und lief mit einer kleinen goldenen Kette mit Davidstern im linken Ohr herum. Selbstverständlich musste ich es rausnehmen, bevor ich geheiligten Stiftsboden betrat. Aber als ich mich dann fertigmachte für den Weg zur Nachhilfestunde, steckte ich mir das lange Flinserl mit dem Davidstern wieder ins Ohr – für mich eine Manifestation des Endes meiner Karriere in Kremsmünster: ‚Sicher der Erste in 1200 Jahren, der so etwas im Stift trägt', dachte ich damals stolz.

Ich ging zum Haus der Eltern meines Nachhilfelehrers, wo dieser wohnte. Bevor er mir seinen Plan eröffnen konnte, wie er mich sicher durch die Nachprüfung zu manövrieren gedachte, erklärte ich ihm kurz, dass dies mein einziger Besuch bei ihm sein werde. Ich würde kein weiteres Mal seine Dienste benötigen und mir wäre es schlichtweg egal, ob und wie er dies meiner Mutter in Rechnung stellen würde.

So lebte ich drei Wochen im Konvikt, machte meine Fallbeispiele in Mathematik und streifte in dieser Zeit an Altgriechisch nicht mehr an. Die Zeit verging rasch. Es gab ein Freibad, ich hatte einen ganzen Fernsehsaal für mich allein und ich lernte das vereinbarte Pensum in Mathe – diese Prüfung wollte ich unbedingt schaffen um in Wien in eine 7. Klasse gehen zu können.

Aber das Beste in diesen drei Wochen war meine offensichtliche Narrenfreiheit. Ich bekam Fig ein einziges Mal zu Gesicht. Das war am ersten Tag, nachdem ich mir im Schlafsaal das Flinserl wieder reingesteckt hatte. Ich habe keine Ahnung was er damals wollte – wahrscheinlich bloß fragen, ob ich mich bereits gut eingerichtet hätte. Aber als er das Flinserl sah', hielt er mit offenem Mund inne, drehte dann ab und verschwand.

Im Nachhinein betrachtet, war es das letzte Mal, dass ich ihn damals in natura, abgesehen von Gerichtssaalübertragungen, gesehen habe. Wenn ich mir die zahlreichen antisemitischen Äußerungen, die er damals im Laufe der Jahre getätigt hatte, in Erinnerung rufe, oder aber die Insignien des Unrechtsregimes, die z.B. an der Rückseite unserer Porzellanteller abgebildet zu finden waren, so muss er den, von meinem Ohr baumelnden, Davidstern als ultimative Provokation empfunden haben.

Als am Tag der Nachprüfungen die ersten Schüler und Studenten auftauchten, fühlte ich mich gut gewappnet. Mathematik war keine große Hürde – ohne, dass ich im Nachhinein erklären könnte, ob ich so gut vorbereitet war oder die Prüfung so einfach.

In Griechisch gab ich ein leeres Blatt ab.

Dass in neusprachigen Gymnasien für die 7. Klasse entweder mehr Französischkenntnisse verlangt wurden, als ich vorweisen konnte oder diese Klassen im Mathematik – Lehrstoff bereits wesentlich weiter fortgeschritten waren, entzog sich zu diesem Zeitpunkt meiner Kenntnis.

Ich erreichte nie die 7. Schulstufe.

***

Epilog I

Nach Beendigung meines Schülerdaseins in Kremsmünster versuchte ich in Wien bei einigen Schulen in die 7. Schulstufe zu wechseln, was sich, wie bereits angedeutet, als aussichtsloses Unterfangen herausstellte.

Ich musste die 6. Schulstufe wiederholen. Genau genommen dauerte es eigentlich bloß einige Monate, bis ich den Verlockungen, die diese Stadt einem Rückkehrer bot, total erlag.

Knapp ein halbes Jahr später, rund um das Semesterzeugnis, schmiss ich die Schule und wechselte in eine Maturaschule. Nach Matura und Jusstudium arbeite ich jetzt als Jurist in Wien.

Bei Erreichen der Volljährigkeit trat ich aus der römisch-katholischen Kirche aus.

Quod erat expectandum.

Klosterfriedhof, direkt hinter der Michaelskapelle

Pt. Theoderich; „Fips“

Pt. Konrad, Pt. Ferdinand

P. Pankraz Stollenmayer
1889 - 1980
P. Fidelis Löscher
1917 - 1998
P. Benedikt Pitschmann
1932 - 2019

Pt. Benedikt

Pt. Jakob; Pt. Benno

P. Petrus Mayrhofer
1905 - 1971
P. Martin Aigner
1917 - 1993
P. Leonhard Klinglmair
1935 - 2014

Pt. Leonhard

Epilog II

Selbstverständlich ist mir bewusst, dass es insbesondere während meiner Schulzeit auch andere Vorfälle gab, die zum Teil jedenfalls als unzulässige Übergriffe auf strafrechtliche Relevanz geprüft wurden. Da sich dieses Buch aber ausschließlich mit einigen, subjektiv erlebten Geschehnissen befasst, ersuche ich um Verständnis, dass eine Aufarbeitung den Sozialdiensten und Gerichten vorbehalten bleiben muss.

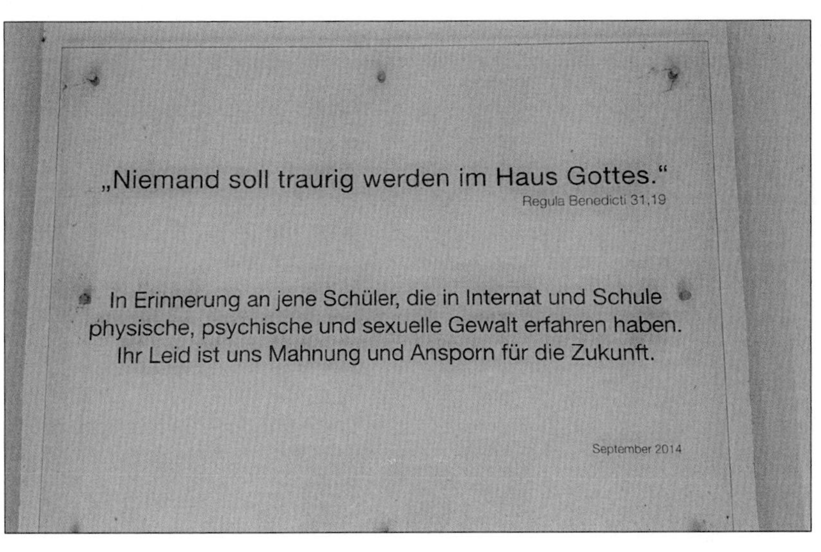

Mahntafel, angebracht vom Stift in den Arkadengängen.

Studie des Instituts für Praxisforschung und Projektberatung: „Schweigen, Aufdeckung, Aufarbeitung – Sexualisierte, psychische und physische Gewalt in Konvikt und Gymnasium des Benediktinerstifts Kremsmünster“: bericht-kremsmuenster-ipp-issn-1614-3159-nr-11.pdf

OGH – Urteil vom 28.10.2014, GZ 14Os134/13 g: https://www.ris.bka.gv.at/Dokument.wxe?Abfrage=Justiz&Dokumentnummer=JJT_20141028_OGH0002_0140OS00134_13G0000_000